如何很高级地说"不"

设定人际关系中的心理边界

Setting Boundaries Will Set You Free

[美] 南希·莱文 (Nancy Levin)○著

吕红丽○译

ZHEJIANG UNIVERSITY PRESS
浙江大学出版社

图书在版编目（CIP）数据

如何很高级地说"不"：设定人际关系中的心理边界 /（美）南希·莱文著；吕红丽译. -- 杭州：浙江大学出版社，2022.7
书名原文：Setting Boundaries Will Set You Free
ISBN 978-7-308-22537-3

Ⅰ.①如… Ⅱ.①南… ②吕… Ⅲ.①人际关系学—社会心理学 Ⅳ.①C912.11

中国版本图书馆CIP数据核字（2022）第086273号

SETTING BOUNDARIES WILL SET YOU FREE
Copyright © 2020 by Nancy Levin
Originally published in 2020 by Hay House Inc. USA

浙江省版权局著作权合同登记图字：11—2022—111 号

如何很高级地说"不"：设定人际关系中的心理边界
［美］南希·莱文 著 吕红丽 译

策　　划	杭州蓝狮子文化创意股份有限公司
责任编辑	张一弛
责任校对	陈　欣
封面设计	JAJA Design
出版发行	浙江大学出版社
	（杭州天目山路148号　邮政编码：310007）
	（网址：http://www.zjupress.com）
排　　版	浙江时代出版服务有限公司
印　　刷	杭州钱江彩色印务有限公司
开　　本	880mm×1230mm　1/32
印　　张	7.75
字　　数	178千
版印次	2022年7月第1版　2022年7月第1次印刷
书　　号	ISBN 978-7-308-22537-3
定　　价	58.00元

做好准备，深入了解自己，忘掉那些让你备感压力、纠结和怨恨的生活模式。我坚信生活中应该设立清晰、真诚的界限。如何设立界限，没有人能比南希更专业。在新书《如何很高级地说"不"》中，南希让我们了解到设立界限不仅是我们的责任，也是我们教他人如何对待我们的方式。请认真阅读本书……再介绍给你认识的每个人！

——加布里埃尔·伯恩斯坦

《纽约时报》畅销书作家，国际演说家，
著有《超级吸引者》（*Super Attractor*）

准备好荧光笔，《如何很高级地说"不"》一书将引导你获得主宰生活的自由。作者见解独到，你一定想记住书中的每一个单词。南希在书中通过列举大量实例，让读者了解设立界限、维系界限的重要性（以及人们的误解）。此书值得一读……应成为你我的必读书目！

——克丽丝·卡尔

《纽约时报》畅销书作家、健康先锋，

著有《疯狂性感果汁》（*Crazy Sexy Juice*）

我非常喜欢这本书，准备给我身边的"女超人"朋友们一人送一本。本书内容精妙绝伦，能够帮助你厘清你与他人的界限。本书将教会你如何重获主宰生活的自由、如何恢复精力、如何与他人建立良好的人际关系，不过最重要的是，如何做真实的自己。

——丽贝卡·坎贝尔

畅销书作家，著有《光明是新的黑暗》（*Light is the New Black*）和

《起来，姐妹，起来》（*Rise Sister Rise*）

本书适合珍藏！如果有人向你借，千万别借！建议他们自己买一本。有了这本书，就如手握一把金钥匙，助你开启自由之门。

——罗伯特·霍尔顿

畅销书作家，著有《觅爱》（*Finding Love Everywhere*）

《如何很高级地说"不"》是一本完美的指南，助你重获主宰生活的自由，教你在行为处事的过程中不失自尊和自我价值。

——科莱特·拜伦-里德

畅销书作家，著有《未知》（*Uncharted*）

本书内容引人入胜，南希真诚地分享了自己作为"受气包"和只知取

悦他人的"女超人"的真实经历。她的性格最终成为激励自己改变的催化剂，创建了她在书中分享的这套方法体系。南希在书中教会我们如何通过设立清晰的界限改善人际关系、增强生命活力，获得主宰生活的自由。本书充满了源于实践的智慧和实用建议，具有强大影响力，应成为你我的必读书目。

——艾妮塔·穆札尼

《纽约时报》畅销书作家，著有《死过一次才学会爱》（*Dying to Be Me*）

和《假若此生即是天堂》（*What If This is Heaven?*）

南希·莱文的新书意义深远，提出了将自己的需要放在首位的重要性，强调只有这样做才能让生活中的每个人受益。南希鼓励你追求梦想中的生活，并采取行动，实现梦想。《如何很高级地说"不"》一书中列举了许多具有说服力的例子，并设计了大量实践练习，承诺你按照本书的指南行事，就能感受到自己的强大，以优雅的方式，带着爱意与他人设立界限。若要创建理想生活，此指南必不可少！

——克里·理查森

畅销书作家，著有《杂乱之中见生活》

（*What Your Clutter is Trying to Tell You*）

能够设立和维系界限是我在生活和事业中取得的最伟大成就之一。我在南希的书中收获颇多，从多方面改善了自己的生活。设立了界限，成功便随之而来。

——亚历山德拉·杰米森

生活导师、"她说了算"（*Her Rules*）电台主持人、畅销书作家，

著有《女人、食物和欲望》（*Women, Food, and Desire*）

作为一名作家，设立界限是我为自己做的唯一充满爱意的事。要是我没有设立严格的界限，就不可能完成《抹大拉的马利亚启示录》这本书。南希·莱文为我们提供了行之有效的方法技巧，帮助我们完成设立的目标，过上理想的生活，得到应有的爱！

——梅根·沃特森

《华尔街日报》畅销书作家，著有《抹大拉的马利亚启示录》
（*Mary Magdalene Revealed*）

不设立界限，我们就抛弃了真实的自我。南希在本书中以自己的智慧、同情心以及务实的方法，帮助你找回真实的自己。

——杰西卡·奥特纳

《纽约时报》畅销书作家，著有《创造持久变化的解决方案》
（*The Tapping Solution to Create Lasting Change*）

南希·莱文是当今时代的一位完美老师和向导。她生活在这个时代，呼吸着这个时代的空气，吸取了这个时代的教训，她经历过，所以现在将自己的智慧凝练于本书中，为生活在这个时代的你提供指南。本书将帮你解锁部分被你尘封的生活（连你自己都没有意识到的部分），增强你的自信，创建你自己想要的也应有的生活。

——尼克·奥特纳

《纽约时报》畅销书作家，著有《展现最好自我的解决方案》
（*The Tapping Solution Manifesting Your Greatest Self*）

南希的这本书精妙绝伦，有助于我们理解人际关系的结构框架，建立成功且令人满意的人际关系。作为朋友和静修院的共同创立人，我目睹了她以自己独特的见解，帮助我们做出改变，让生活变得更幸福的过程。我强烈建议将本书作为所有人处理人际关系时的必读书。对于南希，唯一让我不满意的就是，她的这本新书出得太晚了！真希望我20岁的时候就读过这本书。

——大卫·凯斯勒

著有《追寻意义：悲伤的第六阶段》（*Finding Meaning: The Sixth Stage of Grief*）；与露易丝·海（*Louise Hay*）合著了《心的重建》（*You Can Heal Your Heart*）

南希·莱文善于发现我们信仰体系中存在的核心问题，通过分享实用的方法技巧化解问题，助我们获得主宰生活的自由。她采用了循序渐进的方法，帮助我们明确自己放弃了哪些权利，了解哪些界限遭遇了跨越，同时负责地引导我们勇敢向前，为我们展示更美好的未来。我喜欢南希的方法，帮助我们改善了那些充满责备、自我否定和内疚的关系——也让我们从这些负面情绪中吸取教训，并采取行动转化负面情绪。南希让我们通过适应短暂不适的方法渡过难关，发人深思。如果你想获得主宰生活的自由，那就从阅读本书开始吧。

——保罗·丹尼斯顿

"悲伤瑜伽"（Grief Yoga）创始人

解读界限

界限是

一种标记

当我不再是我自己

当我失去真实

的自我

当我即将迷失自己时

这就是界限点

然而

我们一次又一次地

忽视这个界限点

与自我的脱节

将增强

我对你的

关注

就好像有一块磁铁

将我的神经系统

朝你拖去

我迷失了自己

注定与你相随

然而

我需要寻找

没有你时

以及

和你在一起时的

自我

我需要重新校准

我的生活

我需要明确

界限的位置

当我独自一人

当我不再将他人的

需要放在首位时

我的身心

就能恢复并保持最佳状态

过去的我

喜欢

过度付出

始终高度紧张

我需要放慢脚步

静心修养

是时候

自我释放

而不是

救赎他人

只有我自己

才能修复自己

我不再

不顾一切

只为他人

这样的代价

对我来说太高

我不再

受到潜在承诺的约束

不再为了

获得他人的认可

而取悦他人

我需要摒弃这些承诺

找回真实的自己

我们现有的生活模式

不会因为他人的改变

而改变

自己的界限只能靠自己去维系

我们自以为隐忍克制

才能保证我们的安全

但实际上

只有设立了界限

我们才能建立良好的关系

治愈我们的心灵

　　为本书作序，最让我开心的是，我认识作者本人——我亲爱的朋友南希·莱文——当她还是海氏书屋（Hay House）的一名全职女超人（又名活动总监）时，我们就相识了。平心而论，她的工作能力无人能及。每次我去参加演讲会，她都会提前到酒店门口迎接我，手里拿着房间的钥匙——连我的入住手续都办好了。我的房间里一定有我需要的一切——浴缸、额外的瓶装水等。遇到南希之前，这一切都是我的助手弗雷斯卡完成的。我和助手安顿好后，南希会向我们简要介绍演讲会的情况以及到会时间。之后，她会按时来接我们，送我们到达会场。我从来不用担心任何细节问题，因为"女超人"已经为我全部安排好了。当然，那时候我真没想到，她会为一个公文包而如此大费周折——你将在本书的引言部分读到韦恩·戴尔丢失的公文包的故事。简直难以置信！

　　不仅如此，南希平时总是表现得神采奕奕、乐观健康、精力充沛。我怎么也想不到她竟然饱受了婚姻的折磨……她将在本书的引言部分讲述她在婚姻中的经历。说实话，她一直尽心地维系着自己作为"女超人"的形象，而且非常成功，但"女超人"也难免有崩溃的一天。我们从小接受的教育就是要全心全意地取悦他人，根本不知界限在何处，对于我们这样的人来说，我们的健康——身、心、精神——迟早都有崩溃的一天。我们的共情能力如此之强，以至于分不清我们所产生的感受究竟是自己的，还是他人的。通常情况下，我们总是将他人的感受和需求置于自己的感受和需求之上。

为本书作序时，我又将我所写的书《女性身体的秘密》（*The Wisdom of Menopause*）的前三章回顾了一遍——在这部分，我讲述了刚进入更年期时，我维系了 24 年的婚姻最终破裂的经过。我的丈夫搬出去后，很快再婚并有了另一个孩子——这一切都发生在短短的 18 个月之内。我也是在这段时间才真正领悟，应该如何对待自己。也是这个时候，我才开始懂得界限的重要性。从那以后，我不断学习和完善设立界限的能力。与此同时，我也组建了自己的家庭，开启了我天堂般的幸福生活。学会了设立界限后，我的生活得到了彻底改变。我慎重地将那些不利于我身心健康的关系全部清除。设立界限已经成了我的终身追求。我很高兴地向大家汇报——你练习得越多，就会做得越好，你的生活也就更幸福、更健康。

但是问题来了。如果一个人能够意识到自己有权得到应有的休息、睡眠、停歇、快乐、乐趣、充实的美好生活，那么就没有人会容忍自己的界限频繁遭到侵犯。我们之所以只知一味付出，不懂设立健康的界限，是因为在我们的内心深处住着一个胆怯的小孩，害怕如果不牺牲自己的需求，不去满足他人的需求和期望，就会遭到批评、责备，孤独终身。本书旨在帮助你内心的那个小孩健康成长，让她知道自己已经足够强大（其实她一直都很强大），让她知道她有权设定界限（其实她一直都有这个权利，只是自己没有意识到）。

我的一个好友最近打电话给我，说她找到了治疗师梅勒妮·埃里克森（Melanie Ericksen）称为"庆祝自夸"（celebrag）的事——当你为做到了一件过去难以做到的事情而感到自豪时，一定要庆祝并自夸一番。朋友这次庆祝自夸的正是她发现自己有了设立健康界限的勇气。她和一位出色的男士有了新恋情，男士的孩子们都已长大成人，最近要来看望他。一切都好。美中不足的是，他孩子的母亲（即他的前妻）是一个自私的"能量吸血鬼"，几十年来，一直折磨着他和他的孩子们。他的孩子们很容易被母亲操纵，也不懂得如何设定健康的界限。这一次，孩子们看望过母亲后，母亲就想开车送孩子们去我朋友家，其实是想见见我的朋友，顺便看看自己的前夫住在哪里。我的朋友认为她值得庆祝自夸的就是："我告诉我的男友，我不允许你的前妻出现在我家附近。我不管她是不是为了送孩子，总之她不能靠近我的家。"要是在过去，我的这位朋友可能轻易就会屈服；她可能会听之任之，心想"她来送孩子对我能有什么伤害呢？再说这样他的孩子来看他也方便多了，我想让他的孩子们喜欢我。"但这次她没有这样做。

她的男友完全同意她的要求，这让她松了一口气。其实，鉴于男友的家庭情况以及孩子们不敢违背母亲意愿的事实，她并不确定他是否会同意。不过，这一次，她也并不在乎他是否同意。她要做的是主宰自己的生活，维系自己的界限，保持自己的能量。在一段新恋情中，她就能做到这一切，实属不易……要是在过去，她根本做不到。要是男友真的只会一心偏袒孩子而不是她，那就随他去吧。她好不容易走到今天这一步，不可能再回到过去那种"明明内心深处不愿意，却要违心地说'没事'"的行为模式了。

这就是界限的魔力。你敢于为自己的空间、自己的生活发声——这一勇气源自你的内心深处，源自我们与生俱来、不可动摇的自我价值和自信。只要你遵从自己的真实内心，设立健康的界限，你就永远不会伤害到他人，也不会侵犯他们的界限。界限有些像野生动物的栖息地。最近我参加了一个关于鸣禽物种的讲座，这些物种全都生活在同一个区域。我从讲座中了解到，这些物种能够在同一个区域——甚至同一棵树上——和平共处。它们是怎么做到的？有的物种生活在树顶，有的生活在树中，有的生活在地面。每个物种都有自己的位置，从不跨越其他物种的界限。鸟类能做到，人类也能做到。

南希·莱文能够教会你，应该如何做才能重新设定健康的界限，才能真正过上美好健康的生活——有了这样的生活，你才能在上帝赐予的栖息地上茁壮成长。这是一种自我照顾、保持健康的方式。请继续阅读。本书一定能拯救你。

克里斯蒂安·诺斯鲁普
医学博士，《纽约时报》畅销书作家，著有《女人的身体，女人的智慧》（ *Women's Bodies, Women's Wisdom* ）、《女性身体的秘密》、《女神不老》（ *Goddesses Never Age* ）和《情感吸血鬼》（ *Dodging Energy Vampires* ）

CONTENTS

目　录

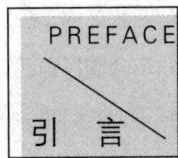

　　我担任海氏书屋活动总监十余年，被公认为是一个神通广大、无所不能的人。口说无凭，事实为证。有一次，在周末短短的两天里，我要与畅销书作家韦恩·戴尔（Wayne Dyer）[①]博士连续参加两场现场活动。周六下午他在亚特兰大做完演讲后，紧接着我们就要乘飞机赶往底特律参加周日下午的活动。

　　周六晚上我们到达底特律后不久，韦恩惊慌失措地给我的酒店房间打来电话："我的公文包不见了！肯定是落在我们从亚特兰大来的路上了。"他演讲所需的一切都在公文包里，没有这些资料，他没法上台演讲。

　　我的大脑迅速切换到了"女超人"的高速运转模式。我

----

　　① 美国深受欢迎的自助导师、畅销书作家与演讲大师，所著的《你的误区》（*Your Erroneous Zones*）一书销量高达 3000 万册，成为畅销不衰的经典，被誉为"一本将人本主义思想带给大众之作"。——译者注

记得我们坐车去亚特兰大机场时，他把公文包放进了车里，于是我立即给汽车公司打电话。一开始，他们说没找到，于是我又恳求他们再检查一遍。终于，他们在一个座位底下找到了那只公文包——但那时已经快半夜了。

我立即打电话把这个消息告诉韦恩："放心睡吧。我会想办法把公文包及时给你取回来。"

我要求汽车公司派一名员工乘飞机把公文包送到底特律，结果遭到了拒绝。我又联系了快递公司，依然无果；毕竟，当天是星期六，还是深更半夜。

我哪敢睡觉。凌晨4点，我跳上一辆出租车，在车上用笔记本电脑买了前往亚特兰大的最早的往返机票。飞机一着陆，我就跑到行李认领处找到了汽车公司派来送包的司机。拿上公文包，我便迅速通过安检准备乘飞机返回底特律。这时美国运输安全管理局（TSA）的人拦住了我，问了我一大堆问题：为什么我的行李只有一只公文包？为什么我刚到就要飞回去？我看起来一定很可疑，谁会因为一只公文包来回坐飞机？

我登上返回底特律的飞机时，韦恩才刚起床。起飞前我给他打了一个电话，告诉他我拿到了公文包。

"南希，你又做了什么疯狂的事？"

就在韦恩的车到达底特律活动地点前几分钟，我也及时赶到了。搞定啦！我长舒了一口气，"女超人"的绰号总算不是徒有虚名。

那个时候对我来说，诸如这样的英雄主义行为简直就是家常便饭。用韦恩的话来说，这只是我"疯狂表现"的一个例子罢了。我如此疯狂，就是为了保证我能够从生命中的每个人那里赢得一颗金灿灿的小星星。然而在这个过程中——几乎一贯如此——我从未关注过自己的需求，总是为了别人的需要跨越自己的底线……一次又一次……一次又一次。

　　我在婚姻中尤其如此。当你一味地否定自己的需求，久而久之，这些需求最终都会"另谋出路"，通过其他方式表现出来。就我而言，我的需求最终"另谋的出路"就是一次婚外情——也算是对我一味拒绝设定界限的明确回应吧。

给真实的自我一点空间

　　这段婚外情结束后八年，我才意识到这件事——差点毁了我一生的婚外情——原来真的发生了。我在圣地亚哥机场候机准备飞回科罗拉多州时，收到了丈夫发来的语音信息："我看了你的日记。你赶紧给我滚回来——给我交代清楚。"

　　我总共写了 70 本日记。不会那么巧他就看了"那本"吧？那本记录了八年前的那次婚外情的日记？

　　坐在回家的航班上，我的大脑里一片混乱，有种奔赴刑场的感觉。

　　一到家，我就看见丈夫站在门口，手里拿着四本日记本。"我要把里面的内容复印下来，寄给所有认识你的人，包括你的父母和同事。"他威胁我说，"我倒要看看他们认清**真实的**你会有什么样的反应。"

　　真实的我。多年来我一直深藏着那个真实的我。我努力经营的生活中根本没有给真实的我留下一点空间。那时那刻，一想到人们有可能真正了解到我的所有弱点，我便感到不寒而栗。就像我丈夫所暗示的那样，我肯定人们一旦知道了"真相"，就会将我遗弃。

　　由于极度害怕人们发现我的弱点，我宁愿做一个无所不能的受气包。我始终认为，只有我向生命中的每一个人，包括我的家人、朋友、同事都展现出"女超人"的一面，才能得到他们的爱。只要他们一声号令，我便化身为他们所需要的人——如一只为了满足他人的需求而把自己的需要搁置一边的变色龙。我究竟是谁？需要什么？这些问题在我的字典里从来没有出现过。

我不仅从未成功地设定过界限，甚至连想都没想过。因为设定界限，定会让有些人不高兴。在我的意识中，这样做的风险太大，我承担不起。

所以，即使我的丈夫威胁着要把日记里的内容告诉所有人，我仍想努力挽回我们的婚姻。然而十个月后，他还是把我赶出了家门。（顺便说一下，我们的房子是我出钱买的。）对了，那天还是我的生日。

我不甘心，又回去求他。一次，两次，三次。2010 年 1 月 12 日，当我第五次回去求他原谅时，他把我赶了出来。我终于向那个"无所不能的受气包"发出了警告，告诉她再也别想主宰我的生活了。五次后，我终于设定了界限……绝不再回头。

也是从那时起，我暗下决心定要成为一名"界限达人"。但这意味着曾经为了得到他人的爱和接受而一味对他人的需要、愿望和欲望说"是"的时代结束了；意味着曾经我用一个又一个无私的行为让他人对我刮目相看的时代结束了；此后我必须学会真诚待己，以更真实的方式与他人建立感情。这一转变充满了艰难与曲折。但我高兴地告诉大家，这一旅程绝对值得。沿着这条道路走下去，我体验到了从未体验过的自由——这种自由彻底改变了我的生命历程。

什么是界限？

从本质上说，界限就是你驻足而另一个人启程的地方。我将其定义为一种限制，以此定义你要做什么、不做什么，或者什么是你可以接受的、

什么是你不愿意接受或无法容忍的。〔本书中所使用的"限制"（limit）
一词是"界限"（boundary）的同义词。〕界限应该是完全自然而且自
动形成的。当身体负荷达到极限时，我们会感到疼痛；当内心或情绪的承
受力超越极限时，我们会感到愤怒、悲伤或难过。这些就是预先载入人生
体验的界限信号。有时候，我们会训练自己超越自然极限——有一次，我
在 13000 英尺的山口上跑了 17 英里……结果全身酸痛！但我们不可能完
全冲破界限。

那么，你怎么知道自然生成的界限在哪里呢？这就需要你从身体上和
情感上感受这种自然界限的存在。如果你的感受毫无疑问是积极的，说明
你处于绿色安全地带，还未触及界限。如果你感觉不好也不坏，或者少许
有些摇摆——你不确定究竟是好是坏——说明你处于黄色警告区，触及界
限可能就是几步之遥的事。当然，有时我们的感受显然很糟糕，身体上、
精神上或情感上都会感到痛苦万分。如果那些你不确定是好是坏的体验给
你带来了负面感受，那就说明你进入了红色危险区，你的界限遭到了侵犯。

我们的情感和身体系统始终受到一定界限的保护。问题在于很多情况
下我们完全意识不到界限的存在，更意识不到界限什么时候被冲破了——
这也正是我写这本书的初衷。此外，我们学会了在大脑意识中抑制那些铭
刻在内心深处的大量信息——关于我们的界限以及界限何时遭到跨越的信
息。我将在书中详细讨论导致这一现象的多种原因。

如果我们的自然界限反复遭到侵犯，我们就会患上"界限盲症"——
大多数情况下，我们根本意识不到我们患上了这种病症。你是否有过愤怒、
怨恨、无奈或无助的感受？这些其实就是良性的警告信号，说明你的界限
出现了问题。你已经超越限制，进入了红色危险区。此时的你需要后退几
步，回到让你感觉良好、安全和快乐的地方。此时，积极的体验和消极的

体验之间的分界线，即自然界限，不知何故被冲破了。

现在你可能会问："难道一产生消极的体验就预示着界限被冲破了吗？消极的体验不也是生活的一部分吗？"这两个问题的答案都是：是的。产生了消极体验的确表明界限已经被冲破；而消极的体验也的确是生活的一部分。生活中，我们的界限难免会时不时地遭遇侵犯。我们可能会失去所爱的人、遭遇交通事故、脚趾受伤，痛苦大哭。没有人会主动选择这样的体验，却身不由己。

然而，这并不意味着我们无力创造美好的生活。我经常遇到一些客户，面对明明可以控制的界限，他们却选择了放弃，声称自己无能为力；实则不然。

如果是天意不可违的因素导致界限被侵犯，我们确实无能为力。这种情况我们暂且放下不谈，而是深入研究那些我们试图努力维系但又屡遭侵犯的日常界限，即那些有关我们的空间、时间以及身心舒适的界限，我们每天（有意识或无意识地）放任他人侵犯的界限。这也是本书的主旨。

那么我们如何设立界限呢？首先把已经存在的界限列一个清单。不要胡编乱造，只需把长久以来我们一直埋藏在心底的需求和需要用语言表达出来。这样，我们就能变无意识为有意识。我们要告诉自己（和其他人）有些事是不能容忍的，因为这样的容忍有损于我们的健康，不利于我们的关系发展。明确了自己的界限所在，并告知他人，我们才有机会满足己之所需——身体上、情感上、精力上、精神上和物质上的需求。

界限的类型多种多样，以下是几种常见界限。

身体界限：是指与你的身体、个人空间、时间和隐私有关的界限。例如，有人触碰了你并让你感到不舒服，即使是无意的——也意味着这个人侵犯了你的身体界限。

　　情感界限：是指与你的情感需求和他人的情感需求有关的界限。例如，当你的母亲斥责你的父亲时，你可能不会袖手旁观。

　　精力界限：是指与你的活力状态有关的界限。例如，受到周围人精力的影响，戏剧性人际关系让你不堪重负，与他人互动经常让你感到精疲力竭，这些都是精力界限遭遇侵犯的表现。

　　精神界限：是指与你的思想、价值观和观点有关的界限。如听到有人叫嚣着自己对女性有多么厌恶，让你感到很不舒服甚至反感——这时你的精神界限就被冲破了。

　　物质界限：是指与属于你的金钱和财产有关的界限。例如，你和朋友们一起吃晚饭时，朋友们点了一瓶红酒，你一口没喝，当朋友们要求平摊账单时，你会感到心情不悦。

　　明确了界限，我们才能清楚地认识到自己是谁，想要什么，需要什么。设立界限，有助于我们保持最佳状态，过上我们渴望的生活。如果你希望自己的生活充满快乐和激动，那么就从设立界限开始。

设定界限的益处

　　如果你希望过上自己选择的生活，如果你想更大限度地满足自己的需求，如果你想拥有展示真实自我的自由，如果你想建立良好的人际关系，那么你**必须**学会设定界限。

　　什么？既然要建立良好的人际关系，又怎么可能设定界限？这通常是客户听到我说设定界限后做出的第一反应。事实证明，我们中的大多数人都在人际关系中忽视了设定界限的问题，很大程度上是因为我们担心如果设定了界限，别人就不会喜欢或接受我们了。生活中的人会不会因为你只满足了自己的愿望而忽视了他们的欲望而生气呢？有些人的确会——至少一开始会生气。但是随着时间的推移，真正爱你并且希望你快乐的人，最终都会接受你真实的需求。离婚后，我意识到只有当双方完全诚实时，相互之间的感情才会更真实，关系才会更亲密。当双方都对自己的需求开诚布公后，情感上的不和谐就会减少。我正是因为在婚姻中秉持着自我牺牲的理念，才导致婚姻失败；一味牺牲自我并非维持感情的有效之道。感情中，谎言和面具才是最可怕的敌人。

我们时常假定我们的需求和欲望与他人的需求和欲望之间是相互矛盾的。但要是有办法能够同时满足双方的需要，何乐而不为呢？事实上，我们自己的需求并不一定与别人的需求相悖。表达自己的需求甚至可以帮助他人以你为例，以同样的方式满足自己的真正需求。

我吸取的教训是，如果我过得不快乐，我身边的人也不会快乐。自从我按照书中叙述的方法设立了界限，我的人际关系得到了极大改善。现在我总是全心全意地把自爱放在首位。至少我会像考虑别人的需求一样考虑自己的需求。结果我发现，我越爱自己，越能满足自己的需求，我对别人的爱就越多。如果为了帮助别人一味地倒空自己杯中的水，那么我自己就会口渴，这样做无异于"石缝里挤血"。但当我通过尊重自己的界限，用自爱和自尊填满自己的水杯时——就真正做到了杯满自溢、爱满自流。对于我所爱的人，我能给予的爱也更多。

设定了健康的界限后，我的需求和愿望通常都能得到满足。我将生命中的其他人（包括我的另一半）都视为成年人，相信他们能够满足自己的需求和愿望。底线是什么？我的需求我负责，你的需求你负责。设定界限，维系界限，是每个人自己的事。

你如何知道自己是否需要设定界限？

以下是我经常从客户那里听到的"必设界限！"的情况。你是否也有同样的经历？

· 母亲每天给你打五个电话，告诉你这做得不对，那也做得不对；

· 生命中最重要的另一半总是把脏衣服扔在地板上，因为他知道你会捡起来；

· 邻居把音乐声放得很大，吵得你睡不着；

· 老板在事先没有通知的情况下要求你加班，也不付给你加班费；

· 和朋友外出吃饭时，她会告诉你应该吃什么、不应该吃什么；

· 你的伴侣制定事关夫妻两人的计划时从不征求你的意见；

· 家庭成员总爱打听你生活中的每一个细节；

· 你在餐厅里都快冻僵了，却不好意思开口让老板打开暖气；

· 你的姑姑时不时地就到你家来，希望你停下手中的工作，花时间陪她；

· 你的孩子不打招呼就从你的钱包里拿钱，想当然地以为你不会介意；

· 你的伴侣频繁让你失望，你若感到难过，他就表现出好像是你过于敏感的样子。

由于你没有设定适当的界限，你承担了多少人的需求？如果你的生活中存在以下情况，表明你应该设定界限了：

· 由于他人的行为，你经常感觉自己像一个受害者；

· 你感觉自己的生活几乎没有隐私；

· 与朋友在一起时，你通常都是任由他人制订计划，选择电影、餐厅或度假目的地；

· 当别人对你有所求时，你总感觉自己抹不开情面，轻易就答应；

· 有人伤害你或欺骗你（无论故意还是无意）时，你总是缄口不语；

· 你认为将他人的利益置于自己利益之上是一种美德，而试图满足自己的需要是卑鄙自私的行为；

· 由于他人总是忽视你的需要，所以你经常感到不满；

· 你认为自己永远无法与某些人设定界限；

· 你能够在生活中设定一些明确的界限，但还想成为这方面真正的"达人"。

如果你的生活中确实存在以上情况，那么你或许也认同以下有关界限的常见误解：

· 既然爱，就无界限；

· 只有自私的人才会设定界限；

· 一旦设定界限，就会遭人讨厌；

· 不设定界限，我也能拥有我想要的生活；

· 我没法设定界限，因为只要我提出要求，必然会引起争吵；

· 如果我只考虑自己的需求，他人的需求就得不到满足；

· 如果我不停设定界限，那么我将不再是一个慷慨有爱的人，也就没人愿意和我交往了；

· 有了界限就有了限制，就没有了自由和弹性；

· 界限一旦设定，就大功告成，无须再设。（别急着下定论，听听我之后对这一条的看法！）

你是否对这些谬论深信不疑？我将在本书中推翻以上每一条谬论，重新建构人们对界限的认识。你将学习实用的策略，以正确的关怀和关注来定位和管理你的界限。只有这样，你才能过上真正有意义的生活。

"界限达人"

若要过上前面我所描述的有意义的生活，我们就要成为一名"界限达人"。成为一名"界限达人"需要付出巨大的努力，而且需要不断学习。成为一名"界限达人"后，我的生活发生了彻底的改变。我能从生活中的方方面面获得安宁、轻松、满足和幸福。当我提出自己的要求并满足自己的需要时，我不再感到内疚，也不再认为满足他人的需求而牺牲自己的需求是一种义务。

有趣的是，我越是尊重自己的需要，因界限问题产生的冲突就越少。我的感知变得更加敏锐，甚至能够预先感受到自己的界限是否会被侵犯。当我感觉需要设立界限时，便能够立即设立——这俨然成了我的第二天性。此外，我也不用担心别人会因此而不喜欢我。（听起来像天方夜谭？相信我，绝不是天方夜谭。请继续阅读。）

如果你读过我的其他书，你应该知道我研究的内容主要与自爱有关。因为就我看来，爱自己才是生活的基础——当然还包括爱别人。就界限而言，无论什么样的界限，也无论他人需要什么，爱自己意味着我们清楚我们有权维护自己的界限。我们有时可能会就设立界限的时间和地点进行妥协和协商，但不会放弃对我们来说至关重要的界限。

特别是我们这些曾经只知取悦他人、拯救他人、帮助他人和想他人之所想急他人之所急的人来说，更需要把自己置于优先地位，首先关注自己的需求，先让自己感到舒适、舒服。我知道这听起来有些可怕，有些人一想到要设定界限就吓得瑟瑟发抖。相信我——我完全理解。这一切我都经历过。但是，如果像我这样一个无所不能的受气包都可以成为一个"界限达人"，那么你也可以！

关于本书的包容性问题

要写一本包容全面的书是十分艰巨的，更何况英语作为书写工具本身具有一定的局限性。这种语言具有片面性，表达时非黑即白，因此很难用这种语言描述出现实世界的美丽多样和模糊。此外，我是一个白人、一个顺性别者①、一个异性恋者、一个美国女性——基于这些身份，我对生活的体验和理解自带一定过滤。

因为我的客户绝大多数都是异性恋女性，所以本书主要讲述的是她们的故事。但我要强调的是本书中所教授的界限设定原则适用于大多数人，无关乎性别或性取向。

有些人对我的工作很了解，我在书中给了他们发声的机会，讲述的都是这一领域中真实发生的故事。他们的声音曾经触动了我的内心和生活，我真诚地希望也能对你的内心和生活有所触动。

本书结构

在接下来的章节中，我将详细介绍设定界限的 10 个步骤——通过分

---

① 指那些性别认同和表达与出生时的生理性别相符的人。——译者注

享我自己的故事，以及我的客户在生活的各方面和人际关系中设定界限的故事。在这个过程中，我会给你安排一些练习。这些练习也是我为客户设计的，你可以通过完成练习找到阻碍自己成为"界限达人"的原因。

具体结构如下：

第 1 步：承认侵犯自己界限的那个人就是你自己。 在第 1 步中，你需要接受一个残酷的事实——侵犯自己界限的那个人一直以来就是你自己，**不是他人。**（先不要就此与我争论，请听我说完。）

第 2 步：盘点自己的界限。 你认为自己根本没有需要设立的界限？再想一想。首先盘点你最容易设立并能够维系的界限，然后再去盘点那些你迟迟未设的界限。这两个清单一定会让你瞠目结舌。最后，创建一个我称之为"界限金字塔"的图表，根据界限的重要程度和设立难度对需要设立的界限进行分类。

第 3 步：克服病态互依症。 许多人之所以无法设立界限，主要是因为人与人之间的依赖共生性。也就是说，我们自认为我们对他人负有极大责任，因此为迎合他人的需求而否认自己的需求。在这一步中，你将了解到自私和内疚其实并非坏事。

第 4 步：挖掘潜意识。 仅仅是下定决心设定界限是不够的。如果真的这么简单，你早就成功了。你必须深入挖掘。导致你没有设定界限的原因很复杂，答案就藏在你的潜意识里。在这一步中，你将学会深挖潜意识中的东西，找到阻碍自己迟迟未设界限的原因。

第 5 步：适应短期不适。 为了避免设定界限，我们宁愿选择长期的不满也不愿面对短期的不适。这完全没有道理，但是我们却这样做了。在第 5 步中，你需要思考自己究竟应该逃避还是应该适应短期不适。然后，你将探索自己对设定界限的各种恐惧，创建一份"可怕后果清单"——与某些人设定界限后，你认为肯定会发生的可怕事情。

第 6 步：展望未来。在你真正开始着手设定界限之前，你将通过这一步想象你成为"界限达人"之后将会过上什么样的生活。

第 7 步：撰写脚本。这可能是设立界限过程中最实用的步骤。你需要写下设立界限时所要说的每一句话。不要担心，我将为你提供参考例句。然后，对着镜子练习，或者找一个朋友一起练习，熟练之后再开始着手设立界限。

第 8 步：设立"入门级"界限。是时候尝试设定一些"入门级"界限了，你会感到些许紧张，但能够应对。练习设定这一类界限时，我会为你提供一些明确的指导方针。然后，请你深呼吸，勇敢地设立界限。

第 9 步：设立"底线式"界限。到了这一步，你就差不多可以"毕业"了，你已经做好了设立"底线式"界限的准备。"底线式"界限是对你最重要也是最具挑战性的界限之一。设立"底线式"界限时，你可以通过视觉化练习和明确的目标预想底线被冲破的后果。你需要撰写脚本，重温自己的"可怕后果清单"，创建一个"美好结果清单"，用于提醒自己设定"底线式"界限的好处。然后，着手设定吧！

第 10 步：重复设立，实现自由。到了最后一步，我们就来说一说成为"界限达人"后的生活。如果你能做到日常维护自己的界限，就不需要反复设立界限了。在这部分我们将着力讨论主动选择、"健康的自私"以及界限如何随着时间的变化而改变和完善的问题。

设定界限的过程改变了我的生活。如果多年来你一直回避设定界限，一旦你成功设定了界限，它必定会使你的生活有所改变。让我们共同设定自己需要的界限，把我们生活变得更加充实。

"我需要做练习吗？"

答案是绝对的"是"！我在每一部分都设计了许多练习，完成这些练习并写下答案这一步非常重要。我会要求你不时地回顾这些练习，所以一定要把练习和答案放在容易查找的地方。

你可以把答案记录在电脑或其他电子设备上，也可以写在笔记本上。

同时，如果你在阅读本书和完成练习时产生了想法或感受，我建议你也写下来。这是一个自我发现的过程，如果你花点时间反思自己所写的内容，一定会对自己更加了解。通常情况下，当我们回顾几天前、几周前或几个月前写下的东西时，都能从中获得一些新的感悟，帮助我们认识到自己的局限并摆脱局限。记录是一种强大有效的方法，阅读本书时，请注意随时记录。

诚邀您的加入

我希望我们对设定界限的探索能让你感到生活更加充实、更有希望，而不是因此感到压抑和恐惧。虽然本书主要是建议你如何保护界限或防止他人侵犯你的界限，但你也可以通过设定界限认真选择、有意识地引入你想要的东西。设定界限会带来短期的不适，只有主动接受这种不适，才能打开设定界限的大门，获得你对生活所渴望的一切。当你以勇敢而优雅的方式优先考虑自己的需要时，你的生活反而会更真实，人际关系也会更融洽，生活也会更加自由。

记住，每设定一个健康有益的界限，都是对自己的一次肯定！在此诚邀您加入我们，您可以登录网站 www.transformtogether.us，加入我们的免费脸书群"共同转变"（Transform Together），分享您通过本书开启设定界限之旅的体验。如果您在这一旅程中遇到任何问题，都可以进群获取帮助。

一切准备就绪，扬帆起航吧！

承认侵犯自己界限的
那个人就是你自己

第 1 步

Setting Boundaries

Will Set You Free

我的客户瓦莱丽（Valerie）说："我经常违心地做一些自己不愿意做的事。我不想和丈夫做爱时却违心地做了；明明不想同意的事却违心地答应了；我的妈妈从不征求我的意见，从不问我想要什么、需要什么，只会一味地对我唠叨。我的前夫也是如此。好像我是空气，完全不存在似的。我总是让别人替我说话，让别人替我做决定；我总是让别人控制我，操纵我。我的生活一直是这样。想要摆脱却无法摆脱……后来我因此而生病，也意识到我若再不改变现状，一定会死去。不满、愤怒、沮丧——我都一一经历过。"

　　有瓦莱丽这样经历的人还有很多。另一位客户蒂娜（Tina）给我讲了她的故事："几年前，我与丈夫友好离婚时，与童年相识的一个男人再次相遇，不过我们生活在不同时区。一开始我们只是互相发短信，后来逐步演变成彻夜长谈。当时我身兼两职，还要照顾上学的女儿，平时忙得不可开交，根本没时间闲聊。为了和他聊天，我没时间睡觉，脾气也因此变得暴躁，身体每况愈下。于是我决定给这个男人设定界限，让他不要频繁地给我发短信、打电话。没想到他听后非常愤怒，甚至对我骂骂咧咧，拒绝接受我的新'规则'。他武断地认为我背叛了他，指责我另有新欢。他要知道我的一举一动，不夸张地说，连我什么时候洗澡、吃的什么都要过问。不知不觉中，我花了大量时间向他一遍一遍解释我在做什么。很长一段时间以来，我总是忙着给他回电话，即使他酒后发飙，给我发来大量侮辱我、伤害我的信息，我仍会给他回电话，低声下气地向他赔礼道歉，费心尽力地取悦他，平息他的怒火，但是我深知，一个真正爱我的人，一定会尊重我设定的界限。"

以下都是我的客户亲历的故事：

宝拉（Paula）说："我妈妈经常半夜给我打电话，于是我告诉她过了 9 点就不要给我打电话了，但有时她还是不听，最后我不得不一到 9 点就把手机关机。但有时 9 点我还没睡，也忘了关机，这时只要她给我打电话，我还是会接，熬着夜听她絮叨个不停。"显然，宝拉心里对母亲感到极为不满。

费丝（Faith）结婚多年，一直对丈夫的酗酒行为感到不满，然而她的丈夫从未意识到她的不满，而她自己也说不清是否还爱着他。"我就这样陷入了婚姻的桎梏之中，没有其他选择。我丈夫根本不知道他酗酒对我影响有多大，因为我从来没有告诉过他。"

每当杰西卡（Jessica）的丈夫问她想做什么时，她总是说："无所谓"或者"随便你"。她说："我总是表现得无欲无求，因为这样似乎凡事都会更容易。"她始终认为自己的欲望和感受不重要。

佐伊（Zoe）小时候，父母几乎从不会满足她的任何要求。然而，长大后她发现自己的做法与父母恰恰相反，即使有时并非理想选择，她也会答应。对于女儿的要求，她向来都是有求必应。

即使是不愿意做的事情，瓦莱丽也会选择违心去做，心里想要摆脱现状却又难以抉择；蒂娜纵容一个男人反复辱骂她；即使多么劳累，宝拉仍会半夜接听妈妈的电话；费丝从来没有就酗酒问题与丈夫设定界限；杰西卡会为了他人的欲望牺牲自己的需要；佐伊心里想说"不"但嘴上却说"是"。

所有这些情况都指出了一个关于界限的问题，也是一个残酷的事实：**侵犯自己界限的那个人一直以来就是你自己——不是他人。**这也是设立界限的第 1 步。

为自己的生活负责

是的，你没有听错。跨越自己界限的人一直是你自己。没有你的允许，无人能够跨越你的界限。

唉！我承认——这话太伤人。

但是，如果你想学习设定有效界限，就必须学会面对现实：你有责任识别自己的界限、设定界限，与他人沟通你需要设定的界限，予以他人公平的警告。之后，一旦有人侵犯了你的界限，你必须立场坚定，勇于捍卫自己的界限，这样才能摆脱界限遭到侵犯的局面。如果你不这么做，就是你自己侵犯了自己的界限。

特别是本书着重探讨的"日常界限"，根本不存在他人跨越你的界限这样的事。一切都是你自己的责任——不怪你那专横的父母、讨厌的同事或任性的孩子。

曾经我也不愿接受这个事实。有很长一段时间，我都认为是我的丈夫侵犯了我的界限。我认为是他的行为无法让人接受，他应该为此感到羞耻。

然而，事实呢？**这一切都是在我的纵容之下发生的。**我一次又一次地回头求他，期待着同一个人能给予我不同的结果。诚然，他的确践踏了我的需要和愿望，但为他打开践踏之门的那个人是我。

还不相信？下一次如果你认为有人跨越了你的界限，提醒自己，先不要考虑那个人的行为，而是思考：**如果这种越界行为继续发生，你该如何满足自己的需要？**

大多数人都不想为发生在自己身上的事情承担责任，但现实是，除非他人使用暴力（稍后会详谈这部分内容），否则没有我们的允许，没有人能够跨越我们的界限。如果你总是认为是别人对你做了什么，你就会陷入受害者的思维定式。如果你允许他人跨越你的界限，那也是你自己的选择。

把自己的不幸归罪于他人，这种受害者的心态的确能给自己带来许多安慰。但是拒绝对自己的生活和界限负责，也就意味着放弃了自己所拥有的权利和控制力。我们只得听天由命，相信一切都是命中注定，看不到其他选择。受害者的思维定式让我们如井底之蛙，看不到其他机会和可能性，因此我们能做的就只能是不断抱怨和哀叹命运的不公。

然而，我们之所以会陷入如此困境，仅仅是因为我们受到了受害者思维定式的束缚。秉持受害者思维，所能得到的短期回报就是能够得到他人的同情，这或许能给我们带来一些暂时的安慰，但从长远来看，我们却要因此而受苦一生。

我的客户蒂娜意识到了正是自己的受害者思维导致她陷入如此困境。她没有在家里明确自己的界限，而是任由他人一次又一次地跨越。简言之，她需要自己的时间——但是却没有去争取，而是选择无休无止地做饭、打扫卫生、照顾家人。然而，她当时的丈夫和女儿却毫不客气地获取了自己所需要的时间。

"过去，看到丈夫长时间玩电脑游戏或者坐在沙发上看电视，我就一肚子火。"她说，"我想说，我需要时间写作和创作，但是我的时间都花在了洗衣做饭上。我的女儿和丈夫有足够的时间休息放松，而我却杂务缠身。我不可能和他们一样玩电脑游戏或看电视来放松自己，我认为那是浪费时间，也是不负责任的表现。"

现在她说："在学习设定界限的过程中，我最大的收获就是，通过我丈夫的行为，我明白了需要为自己做什么。事实上，我才是那个对自己的生活不负责任的人，没有留出时间和空间去做我自己需要做的事，没有让我的生活更充实。那时我没有对自己的界限负责任，而且经常感到愤怒、疲惫，甚至怨天尤人。"

客户加布里埃尔（Gabrielle）这样说："我没有自己主动设定界限，而是依靠他人为我设定界限。我不会开口告诉他人我想要什么，而是习惯于等待他们主动给我。只可惜，通常我等来的都是失望和失落。"

当然，设定界限需要我们习惯于说"不"。啊，这正是问题所在！对许多人来说，"不"字从没在他们的字典中出现过，一辈子连想都没想过。客户瓦莱丽觉得自己的一生中，大多数情况下都无权对他人说"不"，也没有权利对自己的时间、金钱、空间甚至身体设定界限。不幸的是，生活中有这种感受的大有人在。但是如果我们不肯对别人说"不"，就相当于我们默许他人跨越我们的界限。

这种没有能力说"不"的情况不仅发生在个人关系中，也会延伸到商业往来中。我的朋友黛布拉（Debra）说："我有一个客户，经济条件非常好，却总让我给她打折。她总是通过说一些让我内疚的话，诱使我给她大幅降价；而我因为害怕失去这笔资金，只得同意。"由于缺乏自我价值感，黛布拉实际上是给自己大打"折扣"。

诚然，在我们需要资金时，失去一个愿意付钱的客户的确不是明智之举。但是，如果我们相信自己的价值，就能获得信任和信心。如果客户关系无法维持，那就放手——相信我们很快就会找到另一位愿意付费而且毫无怨言的客户。

我的客户伊莱恩（Elaine）发现，只有在她认为别人做错了事情的情况下，她才会设定界限。例如，如果丈夫把积蓄全部花在买新车上，她认为这样做是错的，才会和他设定界限。但如果她只是想在晚上独处 30 分钟，就难以设定界限，因为她无法在脑海中判断这种情况究竟是对还是错。然而，界限并不是根据"对"或"错"设定的，而是根据你的需要和需求设定的。

如果我们能为自己的生活负责，就有权力为自己做决定并采取行动满足自己的需要。如果有人跨越了我们的界限，我们就要采取行动，摆脱对自己不利的困境。

实际上，你创造理想生活的能力会远远超过你的想象。你随时都能选择自己想要的生活和感觉。设立了界限，你的生活就离理想更进一步。当你为了维持与他人的关系而无视自己的界限时，你其实就是选择了一种由他人的欲望和需要支配的生活。设立界限与否，完全取决于你个人。

如果你能够掌控自己的选择，就能改变游戏规则。"自己的界限，自己负责"，一旦你接受了这个观点，就能意识到以前生活中的束缚、窒息、无助或失控，其实都是自己的选择。毕竟，不设定界限也是一种选择！

不受控的界限

在此澄清一下，我在本书中所说的界限是指我们可以控制的界限。这里的可控界限不包括受人攻击、遭遇性侵或者被强行拘留。我最不愿看到的就是，那些真正的受害者却要为发生在自己身上的事情承担责任。大多数情况下，那些遭遇强奸和遭受虐待的受害者们都会责备自己——这是自我伤害的行为，也是完全不应该的。

有时，人们的确可以通过设定界限摆脱暴力，但我深知，很多时候，这样做并非易事，也不安全。

本书所谈论的界限都是指我们能够主动选择与朋友、家人、同事和熟人之间设定或不设定的界限。再次申明，在这样的情况下，对我们所做的选择承担责任并不等同于自我责备。你在本书中所读到的任何内容都不应该成为自责的借口。关于如何维护自己的界限，我们中很少有人受过专业教育，因此即使你未能成功设立自己的界限，也无须感到内疚或自责。如果你已经开始指责自己，请一定停下来，做一个深呼吸。尽己所能，让内心充满爱。请记住，关于设立界限，你所面临的问题，我也同样面临过，并一直在努力应对；这也是我写这本书的初衷。每个人都有一个学习的过程，因此要对自己有耐心。

然而，有时如果是生活本身跨越了我们的界限，我们通常会选择默许。例如，假设你不愿意去医院，因为这里会唤起你过去在医院经历过的创伤，但是如果你爱的人进了急诊室，即使你曾设立了不进医院的心理界限，却仍然会义无反顾地走进去。关键在于承认这是自己的选择；认识到尽管界限已设立，但是现在是你主动选择进入医院。这样，对生活的主导权和责任又回到了你的手中。

在此我还想花一点时间说一说系统性性别歧视和种族主义，这些情况的存在使得我们在设立界限的过程中少了一些公平。世间确有压迫，并产生了深远影响，在多方面限制了许多人的选择。本书中的练习旨在帮助我们所有人对生活中能够控制的日常小事掌握主动权——从而帮助我们应对许多人都面临的系统性大问题。

也就是说，无论什么情况下，受害者思维定式对任何人都无益。因此，我是想鼓励你放宽视野，看到更多的可能性。有时当你以为已经别无选择时，其实还有很多选择。选择其实也算是一种思维定式——有人对你出言不逊时，你会选择义正辞严；今天的电视新闻让你感到焦虑不安时，你就选择关掉电视。

正如韦恩·戴尔所说："如果我们改变看待事物的角度，事物也会随之改变。"

为什么大多数人都害怕设定界限?

我的家庭和大多数家庭一样，界限这个词从未在我们的字典里出现过。我们家几乎没人学过关于界限的知识，我们所接收到的关于界限的信息也杂乱无章。因此，我们根本不知道什么是界限，更不用说设定界限了。

大多数家庭中，成员之间的关系过于亲密，相处过程之中亲疏无度。过于亲密就会产生我所称的"有毒同理心"。我们对他人的同理心如此之强——甚至能强烈感受他们之所感——以至于我们分不清哪些是我们自己的需要，哪些是我们所爱之人的需要。如果我们的同理心太强，就很难分清我们与**陌生人**之间的界限。彼此都还没认识呢，我们就已经开始考虑他们的需要了。

　　生活在西方国家的我们以及其他许多国家的人，在孩提时期就开始考虑他人的需求了。作为孩子，我们只能看着其他人——我们的父母和其他权威人物——设定界限。然而，除了比较进步的家庭外，大部分家庭中的孩子如果声称设立界限，都是不可接受的行为，甚至会受到惩罚。这也是有一定道理的，因为大多数小孩不具备分辨好坏的能力。但这种家庭教育在潜移默化中造就了我们无视自己的欲望、底线和需求的性格。

　　我们从小接受的教育就是要做一个乖孩子，最重要的是——要取悦他人，要有礼貌，要听话。甚至我们被教育自我牺牲是一种美德。因此，长大成人后，我们理应感到要对他人的幸福负责，自认为没有权利拒绝任何人的要求。我们总是很看重别人对我们的看法，甚至允许别人为我们做决定。待到我们自己成为父母后，我们可能会对我们的孩子设定父母应设的界限，却仍然不知在与其他成年人的交往中如何设定界限。

　　看见有人不高兴了或者感到难过了，我们自然会联想到是不是自己做错了什么，是不是应该帮助他们，这是我们的人之本性。但是我们很容易走极端，一味地认为只有别人的需求才是最重要的，而我们自己的需求微不足道，甚至无关紧要。我们忽略了自己的痛苦和愤怒——忽略了界限发出的信号，甚至忽略了界限被跨越的信号——一味将别人的需求放在首位。当别人的行为让我们感到不适时，我们以为我们只能忍受，除此之外，再无其他选择。我们总是毫不犹豫地给予别人各种好处，却从不给自己同样的好处。我们认为，只要我们对别人好而不是对自己好，就能让我们成为"好人"。

我们学到的是，无私才是美好生活的秘诀。可为什么不起作用呢？为什么许多人都没有感到满意和满足呢？

不设界限的后果

如果我们的一生都在致力于取悦他人，那么我们的生活从很大程度上来说就是一个谎言。多年来我的生活就是一个谎言。我经常感到压力巨大，精神高度紧张，总是害怕别人"发现"真实的我，害怕别人发现我并不完美，害怕我无法满足他人的需求。

我不知道如何以一个正常人的方式去爱自己，所以我走向了另一个极端。人际交往中，我从未设过界限，甚至根本意识不到也不知道自己的界限。然而，我无法承受生活的压力，所以我需要释放。我确实得到了释放，如复仇般的释放——结果却摧毁了我的一生。

如果我们认识不到设定界限的重要性，也不学习设定界限的方法，我们就会毁了自己的一生。还记得我一开始讲的那个故事吗？我从底特律飞往亚特兰大取上韦恩·戴尔的公文包再飞回底特律的故事。如果我当时设立了健康的界限，我就会告诉韦恩，现在没办法拿到公文包，他只能在没有公文包的情况下完成演讲。没有了参考资料，他演讲时可能会相对困难，但又怎么会难倒他呢？他可是赫赫有名的韦恩·戴尔！

如果我设立了健康的界限，我就会告诉我的丈夫，不管我的日记里写了什么，他都无权查看。我也不会在明知道他会如往常一样完全不尊重我的情况下，一而再，再而三地回去求他。

事实上，如果我早早设立了健康的界限，很可能根本不会发生那场导致我们婚姻结束的外遇。如果我能够一直维系我与丈夫之间的界限，或许我就不会和他结婚。起码我会和他离婚，而不是去别处寻找我们婚姻中缺失的东西。

在我们竭力维系一段关系时，我们对自己妥协的程度其实已经达到了第 N 级。我们绝对不会用对待自己的方式去对待他人。但实际上，无论我们多么努力地想要取悦他人，都无须为他们的感受负责。他们的情绪、反应和需求，只能由他们自己负责。

由于没有设定界限，我们抛弃了真实的自我，因此产生了严重后果——浪费了我们宝贵的生命。当我们为了他人之所需而牺牲自己的需求时——也就是不为自己、只为他人而活时，我们的身心健康都会出问题。

如果你长期感到压抑，好像自己的情绪无关紧要似的，自然就会感到愤怒、怨恨和痛苦。也许你能成功地将这种愤怒压制几年甚至几十年，但总有一天会爆发出来。待到最终爆发时，你会震惊周围的所有人（包括你自己！）；也有可能你一直没有爆发，但是却生病了。许多罹患慢性病或严重疾病的人，后来都意识到这些疾病其实都是由那些久未处理、从未说出口的愤怒、悲伤和失望引发的。我认为，你心中之所以有一个储满毒素的仓库，往往就是因为你没有设立有效的界限。

恐怕只有当你的生活变得一团糟时，你才会意识到自己的界限遭到了跨越。由于我们从来没有学习过如何发现和处理身心发出的警告信号，所以我们很难意识到自己存在的问题，等真正意识到时，一切已经为时过晚。还记得那个经典的温水煮青蛙的故事吗？刚把青蛙放进锅里时，水温适宜，青蛙感到还挺舒适的；随着水温不断升高，直至沸腾，青蛙才意识到有麻烦了，但为时已晚。如果你不学会设立界限，你的下场也是如此。可能锅里的温度开始上升时，你还在说服自己一切都好，但是待你意识到出了问题时，你已经被煮熟了！

"麻木"阶段可以持续数年，有的人甚至能做到一辈子麻木。我们害怕改变现状，因此选择对生活中存在的问题视而不见，然而等我们意识到问题的严重性时，一切都晚了。

我们之所以会忽视界限需求的一个原因就是，我们害怕设立了界限会导致冲突的发生。我们害怕别人会对我们生气或对我们失望，我们害怕设立界限会导致众叛亲离、孤老一生。为了维系所谓的和谐关系，我们愿意牺牲自己的需求。然而，事实并非能如你所愿。当然，有时设定界限的确会导致冲突，特别是当我们试图改变朋友和家人们早已习惯的相处规则时，更易产生冲突。但是事实证明，他人一定会因为你设立界限而不满的假设是不成立的。相反，他人之前可能根本没有意识到自己的行为给我们带来了问题——他们完全愿意做出调整。

我知道冲突是可怕的，特别是对于那些童年时经历过虐待、暴力或家人剧烈争吵的人来说，冲突更是令人恐惧。但是，仅仅为了逃避设立界限带来的不适，就不能按自己的意愿生活，这是多么大的代价啊！

诗人大卫·怀特（David Whyte）曾经说过，如果我们想过上真正想要的生活，可能会让我们所爱的人产生一种背叛感。我的朋友罗谢尔（Rochelle）就是这样。23 岁时，她搬到了另一个城市生活。由于离父亲太远，她的父亲由此产生了一种被背叛的感觉；即使二十年过去了，他的这种背叛感仍没有消失。但是那里是她希望生活的城市，她父亲只得接受。如果她为了父亲而妥协，跨越自己的界限，可能永远也过不上那个城市带给她的美好生活。

作家劳雷尔·K.汉密尔顿（Laurell K. Hamilton）在其著作《影子之吻》（*A Kiss of Shadows*）中这样说：“如果不想一辈子都生活在自我谴责的痛苦中，就要学会遵循自己的内心。别人定会给你带来痛苦，你就没有必要再去助人一臂之力了。”

“其实冲突并不总是坏事”，这句话虽然看似有点激进，但人与人之间存在不同，我们应该接受分歧的存在。没有人只能是对的，也没有人必须是赢家。

我在《允许把自己放在首位：改善关系的问题、练习及建议》（*Permission to Put Yourself First:Questions, Exercises, and Advice to Transform All Your Relationships*）一书中说过，我们必须学会接受冲突。该改变的就要改变！设立界限，释放真实的自我，我们必须敢于面对冲突。为了过上我们想过的充实生活，我们必须接受冲突。

如果你还认为无法做到这样的转变，那我就以自己为例，说说我的转变。我完成了本书所述的全部步骤后，生活发生了脱胎换骨般的变化。我不愿再把自己包装成一个任由他人和这个世界呼之即来的人。我意识到我的需求和其他人的需求一样，都应该得到满足，即使是我最爱的人也要尊重这一点。为了他人的欲望而放弃自己的需求对我而言已经不再是荣誉的象征——甚至不再是我的选择。即使惹得一些人生气，也总比自暴自弃好。

需要申明的一点是，请不要将设立界限理解为冷酷无情和缺乏爱心的表现。表明自己的界限并不代表我可以随意跨越他人的界限，也不代表我会吝啬对他人的慷慨付出。事实上，由于懂得了界限对自己的重要性，我反而更加尊重他人的界限了。至于慷慨付出，过去我是因为害怕若自己不爱别人，别人就不会爱我，所以才不得不付出，而现在我是心甘情愿地主动为他人付出。

你只需要明白一点：就算让别人失望，世界末日也不会到来。**失望是正常的**。这是人之常情。作为一个成年人，应该学习如何应对别人的失望。当然我不是在此建议你对他人无礼，而是建议你对自己也要有同样的礼貌。长期生活在失望之中，生活必将痛苦万分。

你无法改变他人

就界限问题，存在一个残酷的事实：我们不仅要为自己的生活、自己的界限负责（哪怕有人会因此而失望），我们还不能指望其他人为了维系我们的界限而改变。换句话说就是：

他人没有义务维护或尊重你的界限。

我知道这样说听起来有些不尽如人意，但细思过后，又何尝不是如此呢？

作家兼健康导师克里斯·卡尔（Kris Carr）说过："唯一能让

你改变一个人的时候，是他穿尿不湿的时候。"我们可能会希望某人做什么（或不做什么），但最终他会否按照我们的要求去做（或不做），那是他自己的选择。我们有责任提出要求——然后根据得到的回复做出下一个选择。不管怎样，我们的需求只能靠自己去满足。

这种说法放在感情中更显激进。我们总是理所当然地认为伴侣应该满足我们的所有需要。但正如我在《允许把自己放在首位》一书中所说，这是我们对感情的不切实际（实际上是不可能）的想法。如果我们总是期望别人来了解我们的想法或满足我们的需要，那么我们的生活注定会充满不满和失望。

别人没有义务对我们的需要负责，我们也没有必要对他人的需要负责。（当然，年幼的孩子除外——父母要为他们的需求负责。我的客户为了孩子们能够健康成长，也开始与孩子们设立较为严格的界限。）

客户艾比（Abby）说："这就像我们反复触摸一个热炉子，只有烫到了手，才会吸取教训。如果我把满足自我需要的责任推到别人身上，我必输无疑。连我自己都不愿为自己做的事，别人又凭什么帮我实现？"

哪些事你能够容忍，哪些事你无法容忍，完全取决于你个人；如果事情未能达到所期，再决定如何应对。你的界限，别人不可能那么用心。为什么？事实上，他人可能更希望你"忘记"自己的界限或对自己的界限不那么坚定，因为这样他们就可以继续对你为所欲为（有意的或是无意的）。总之，你自己的界限**自己负责**，与他人无关。

　　但你也不要认为，他人永远不会接受你的界限请求。重申一遍，这是他们的选择，就像是否与他们继续交往是你自己的选择一样。例如，我和前男友亚伦（Aaron）对主动反馈的认识就截然不同。他喜欢接受主动反馈，也喜欢主动对别人反馈，而我却讨厌主动反馈。我不喜欢主动反馈，也不喜欢接受主动反馈，是因为如果我没有主动要求，别人对我提出反馈，我感觉更像是对我的批评。

　　我和亚伦必须就此问题谈一谈。他不愿意保持沉默压制自己的意见，于是我的回答是："我知道了，但是我还没有做好接收主动反馈的准备——就这样。如果你坚持给我主动反馈，别怪我转头就走或者直接挂断电话。"

　　如果他不愿意尊重我的这一界限，那我们肯定就会因此分道扬镳了。但是，无论他怎么做都是他的选择，而我对他的行为如何反馈也是我的选择。

禅宗与界限维护艺术

　　当事与愿违时，我们都会感到痛苦。对我们自己的界限负责，就要意识到我们不可能指望通过改变他人来满足自己的需要。我们必须诚实对待一切，采取行动，维护我们所设立的界限。这说明，我们不仅要有效地设立每一个界限，还要坚定意志，**不断维护界限**。

　　这是设立界限的关键内容，然而遗憾的是，我发现许多关于界限的理论中都缺失了这部分内容。这也是我的客户们遇到的最大问题。他们设立了界限，却依然抱怨："就算我设立了界限，他还是一次又一次地侵犯我的界限！"

这就是残酷的现实：人们总是会有意无意地跨越你已经设立好的界限。有时，甚至在你反复设立界限后，仍会遭到践踏。至于是否维系你所设立的界限，也完全取决于你自己。

你无法改变他人的事实，说明即使你设定了界限，也未必能如愿。比如，你希望丈夫不要再去赌博，但是你无法改变他，因此你只能改变他给你带来的影响。如果你意识到自己无法改变丈夫的行为，但又想维护自己的界限，可以尝试以下选择：

- 告诉他，你不会再把你的薪水存入你们的联合账户；
- 告诉他，如果有证据表明他还在赌博，你不会给他一分钱；
- 要求他搬出去，或者申请离婚。

蒂娜和她的现任丈夫列出了一份"维持家庭幸福"的清单。他们明确了各自应该承担的责任。丈夫虽然赞同他们之间的约定，但却不能坚持到底。"我厌倦了对他的反复提醒和不断要求，有时特别需要他时，连人影都找不到。"蒂娜说，"我虽然愤愤不平，但还是只得自己去完成。这样的事在我们的婚姻中已是家常便饭。我一直在做他本该做的事。有时他借口忘记了，但只要我提醒他，他很快就会去做。可我不想总是提醒他，那样让我感觉自己更像他的母亲，而不是他的妻子，这让我很恼火。"

蒂娜无法改变或控制她的丈夫，因此她的选择有：（1）承担丈夫的责任，继续生活在愤恨之中；（2）反复提醒他，并继续愤愤不平；（3）丈夫没做完的事，就按原样放着，这样可以让（也能促使）丈夫记住他的责任；（4）结束这段感情（但这不是她想要的结果）；或者（5）将注意力放在丈夫为了增进彼此感情所做的事上，而不是他没做的事情上。这些选择都是根据她的需求和需要拟定的，至于她选择哪一个完全取决于她自己，关键在于是她主动做出的决定。

加布里埃尔从小就吸取了一个教训，即必须接受家人和他人的一切，始终关注他们身上最好的一面。每次尝试设定界限后，她都不能坚持，因为她认为，设定界限就意味着不愿接受他人。但蒂娜和丈夫的故事告诉我们，我们在坚持自己界限的同时也能接受他人。当然，我们可能无法得到想要的一切，但至少可以改善不理想的现状。

客户蕾妮（Renee）在生活中未能坚持自己的界限，结果导致"我的孩子们总是把我说的'可能'二字理解成'可以'，因此不再说'可能'二字至关重要。我们之间就只有'行'或者'不行'。如果我不能当机立断地说'不行'，我就会说'明天再说'"。蕾妮未能坚持自己的界限，因此基本上可以说是她本人培养了孩子们跨越她界限的行为。至于是否需要维护自己的界限，以此树立自己在孩子们心中的权威，需要由她自己决定。

如果我们设立了界限，但是却不懂得维护，别人就会以为我们只不过是一个会喊"狼来了"的孩子。我们虽然设立了界限，但是却纵容他人随意跨越，久而久之，没人会认真对待我们设立的界限。这也正是蕾妮所经历的，是没能维护自己的界限才造成了上述后果，因此以后她必须更加坚定自己的界限。出于这个原因，我建议我的客户们，如果没有做好定期维护界限的准备，就先不要设立界限。

设立了界限，却无法改变他人的行为，这样做看似是徒劳之举，但我可以向你保证，这样做绝非毫无意义。到了第7步，我会阐述如何向他人表明我们的界限，但现在我想从最基本的开始。只有当你产生了强烈想要设立界限的欲望后，再进入本书下一步，你才知道自己该怎么做。

　　向他人表述我们的界限时，我们所选用的语言非常重要。界限不是命令，因此你不能使用诸如"你不能这样跟我说话！"这样的话语。界限也不是最后的通牒，因此也不能使用诸如"你再这样和我说话，我就离开你！"这样的表达。

　　界限是对我们的需求和承受极限的描述。我们只需清楚地表达为了满足自己的需要我们将会做些什么即可，而不是命令别人做什么。基本表达句式就是"如果你做了 X，那我就会为自己做 Y"。例："你用这种方式对我说话，是对我的不尊重。所以下次如果你还用这种方式对我说话，为了维护我自己的尊严，我会直接离开房间。如果有必要的话，我就去姐姐家住。"

　　你要让对方知道，是他／她的行为在情感上触犯了你，所以你才要离开。无须争辩，无须解释，也不必去解决你们之间的分歧；即使存在分歧，也能继续维系关系。[①]

　　假如你的伴侣只要多喝了几杯酒，就会变得令人憎恶。你可以这样说："只要你喝酒超过两杯，我就感到不舒服。以后每次你最多只能喝两杯酒，否则我就到别的地方过夜。"

　　如果你的伴侣回答："行！随便你。"那你就要坚守自己设定的界限，如果他再犯，你就必须去别处过夜。与其让别人来威胁你，不如自己坚定立场，采取必要行动。

　　如果你的伴侣试图说服你留下来怎么办？请记住一点：没有人

---

　　①　当然，如果他人虐待了你，我强烈建议，如果可以的话，立即结束这段关系，永不回头。——作者注

能告诉你什么才是最适合你的选择。只有你最了解你自己。

如果我们能以这种方式坚定地设立界限，就进入了不受他人行为影响的阶段，也就是说，我们不再是受害者了。

如果我们已经明确地设定了自己的界限，还有人义无反顾地跨越我们的界限，就可以理解为那个人对你没有关心关爱之情。然而有时并非如此。有时缺乏关心关爱可能只是某个人的习惯性行为，或者是某些人唯一能让自己产生安全感的行为。"我把我的需求告诉丈夫后，就是希望他能理解我的需要，但他总会忘记。"蒂娜说，"我都已经表达得一清二楚了，但还是感觉自己每天都生活在电影《土拨鼠之日》（*Groundhog Day*）①的场景中。因此我只得接受事实，不再期待他能想起我说过的话。"她正在学习如何不再让他那些没有意义的行为影响自己，不再考虑丈夫怎么看待她，而是关注于自己有什么样的感受。

与所爱之人维系界限尤其困难。这要求我们既要保持相互间的情感，又要与爱人之间设立界限。要做到这一点，我们必须把注意力从爱人身上移开，转向我们自己。爱人有什么样的感受不是我们的责任——但我们经常误以为我们应该为爱人的感受负责。我们要学会把伴侣视为成年人，让他们对自己的行为、反应、情绪和选择负责。然而，这一转变是一个艰难的过程。

设立界限并不意味着我们就要对他人表现出冷漠无情或不尊重，也不是完全不考虑他人的意愿，而是意味着我们不再把身边的

---

① 由哥伦比亚影业公司制作的奇幻片，主要讲述了气象播报员菲尔执行任务偶遇暴风雪后，停留在前一天却始终无法再前进一步，开始了他重复的人生的故事。——译者注

人都当成幼稚的孩子，意味着我们应该首先考虑自己的需要和意愿。

为了避免设立界限，许多人花了大量时间为自己辩护、辩解和讨价还价，并在这一过程中失去了自我。

宁可不设的界限

坚守我们的界限，有时可能意味着失去一次宝贵的机会。海氏书屋的作家罗伯特·霍尔登（Robert Holden）经常讲一个他称为"对马达加斯加说'不'"的故事。有人邀请他去马达加斯加做演讲，但他与孩子们约定过，每个月在外过夜的次数不能超过几天，一直以来他都严格遵守着这个约定。去马达加斯加的这个机会尤其难得，会给他带来美好的体验，但是如果他选择去，就会打破他与孩子们之间的约定，所以他选择了对马达加斯加说"不"。有时即使是我们想要的东西，如果不符合我们的人生愿景，也要勇于说"不"。

变自我责备为自我责任

伊莱恩和大儿子（20 岁出头）经历过的一件事，给了她一个重要的教训，即如果不明确地表达自己的需求，就要承担相应后果。有一天，她们一家人去一个码头玩，她的大儿子说不想和大家一起待在码头，而是想自己乘船出海玩。伊莱恩和丈夫还有最小的儿子留在了码头。"一个小时过去了，我儿子还没有回来，"她说，"我本想和他共度一些亲子时光的，可是他出去了那么久还不回来，我越想越气，丈夫不断劝我不要想得太多。过了很久儿子才回来，我顿时勃然大怒，训斥了他一顿。这件事基本上就为当天我们大家的情绪定下了基调。儿子一回到房间就'砰'的一声关上了门，不理任何人。我当天也找了各种理由，对每个人发了一通火，对丈夫也不例外，结果大家都不理我了。我完全进入了受害者模式。如果当时我能用30秒的时间与儿子事先沟通好，要求他玩半小时后就回来，整件事或许就不会发生。"

"每到圣诞节前后，"客户劳拉说，"我就感到非常焦虑，因为我丈夫的家人总喜欢小题大做。哪怕是一份大人们的座次表，都要大动干戈。他们太有条有理了，如果你不遵循他们制定的规则，他们就会不高兴。因此，和他们一起度假没有一点乐趣可言，每次都充满了压力和不必要的矛盾。我从来没有就此事与丈夫设定过界限，只是一味地责怪他逼我去那里。可他却说：'除了去那里，我们还有什么事可做？'每次我都会让步，跟着他一起去，然后开始掰着指头计算回家的时间。几年前，我要求我们分别开一辆车过去，这样他可以想待多久就待多久，而我可以想离开时就离开。去年我明确告诉他，我不想和他们一起过圣诞节了。以往我总是责怪我的丈夫和他的父母，我认为是他们让我把在那里过圣诞节当成了一种责任。后来我意识到，一切都是因为我默许了，他们才得以操控我。那时的我总是担心：要是他们失望了怎么办？然而维护界限从来不是他们的工作，而是我自己的任务。"

瓦莱丽也有相似的认识。"我现在意识到别人其实并没有对我怎么样，"她说，"生活中的每一次经历都是我自愿参与的。每当我把发生在自己身上的事归罪于他人或寻找借口时，我就会这样提醒自己。长期以来，我一直视自己为受害者，遭受了前夫的虐待和辱骂。我花了很长时间才意识到，他的怒火并不是我引起的，我根本没有必要为他的情绪或行为负责。这就是他的本性。他生气其实并不是对我生气，而是对他自己生气，我无法帮他解决这个问题，也无法改变他。虽然我仍在努力学习设定界限，但是为了生存，我必须结束那段婚姻。我现在才知道我唯一的责任就是照顾自己，不要受到伤害。我总是有选择的。"

"我在婚姻中，从不会把自己的需求说出来。"客户莎伦（Sharon）说，"为了满足对方，我总是牺牲自己的需要。时间久了，我又会因为对方不重视我的需要而感到愤怒。由于我的需要没有得到满足，我便把一切都怪罪到我的伴侣身上。我现在明白了，我之所以会怨恨、消极反抗或愤怒，都是因为我没有设定界限。我一直认为我的前任未婚夫是个混蛋，是他偷走了我的安宁、快乐和金钱。但事实上，是我让他进入我的生活，是我让他跨越我的界限，是我自愿给他钱花。这些事情都是我自愿的，他并没有强迫我。但是在过去很长一段时间里，我都把责任推到了他的身上。直到我能够坦诚对待自己的真实需要，勇于为界限遭遇侵犯承担责任后，我的生活才真正开始。我懂得为所发生的事情承担相应的责任，接受事实，放手过去，继续前行。"

"过去我常常加班，于是总是抱怨前任老板。"客户布兰达（Brenda）说，"当时我并不认为设立界限和维持界限是我的责任。那时我担心失去工作，或与老板产生矛盾，让我的工作氛围更加紧张。我有一种失控的感觉。直到辞职后，我才明白这一切都源于我自己没有为自己争取利益。"此后，布兰达找工作时，会首先明确告诉招聘人员，她不愿意加班。

　　加布里埃尔也是一样，她以前的工作让她感到很痛苦，但是她又害怕失去了这份工作，就再也找不到工作了。但事实是她自己不肯努力去找一份更好的工作，她完全有选择的自由。

　　如果我们能够扭转把自己视为受害者的心态，敢于为自己的界限负责，就能以崭新的自己自信地面对生活，也能看到更多以前被我们忽视的选择。究竟做何选择，完全取决于我们自己。

　　明知有些人应该为自己的现状负责，却不能责怪他们，这的确不是一件容易的事。但是请想一想，你现在所面对的一切其实都源于你自己的选择；再设想一下，如果你可以做出不同选择，会有什么样的结果。

　　不过你还需要面对一个残酷的事实：尽管你有责任设立界限，但仍可能陷入困难境地。究竟是继续允许他人跨越你的界限，还是当机立断结束一段重要的关系，你需要在这两者之间做出抉择。假如，你的伴侣不管孩子，那就只有你一个人来约束孩子的行为。这样的结果应该怪罪你的伴侣吗？你还有别的选择吗？当然有。你可以让伴侣坐下来和你谈一谈如何共同管教孩子的问题。如果你们无法统一意见，可以一起去找婚姻治疗师做咨询；如果情况依然没有改善，那么你就要选择是继续接受分歧，还是结束这段婚姻。

　　无论做出哪个决定都不是一件易事。我在前面说过，由于你无法改变他人，所以不可能做到事事如意。你能做的就是设立界限，维护界限不受他人侵犯。如果你清楚自己的界限所在，并且敢于表达和维护自己的界限，虽然我无法保证你一定能因此过上完美的生活，但至少可以改善目前的生活状况。

　　就让我们从责任和选择的新角度来看看，为了获得想要的生活，你应该如何设定界限吧。

谨记

承认侵犯自己界限的那个人就是你自己。

要么承担责任，时常维护界限；

要么安于现状。

盘点自己的界限

第 2 步

Setting Boundaries

Will Set You Free

"有一天，我突然意识到自己几乎根本没有独立的思想，那一刻的心情，那一刻的感觉，我永生难忘。"客户加布里埃尔说，"那时我已经博士毕业七年了，好歹也是一位国家级咨询专家。然而，在一次会议的小组讨论中，我不断地说：'我丈夫说……''我丈夫认为……'我突然说出这样的话，连我自己都感到震惊。也正是在那一刻，我突然意识到我竟然没有自己的思想，可能是当时的我认为自己的观点根本不值得一提。"

由于加布里埃尔从小生活的环境，长大后的她认为，如果有人越过她的界限，虽然很不幸，但是她必须接受。在她的世界里，如果爱，就不能设立界限。

"当我考虑设立界限时，一开始我感觉自己很勇敢，"她说，"但紧接着，我就觉得自己不够随和，像一个坏人。我感觉全身都在发抖，非常不适。设立界限就像在做一件很卑鄙的事一样。"有时，为了避免设立界限的尴尬局面，她甚至开始逃避某些人——宁愿承受不设界限的后果。

客户伊芳（Yvonne）在感情中长期遭受精神虐待，最终沦落得一无所有。经历了 14 年的虐待之后，她难以自控，打了她的丈夫。丈夫立即起诉她，她被迫离开家，汽车没了，财产也没了。

蒂娜发现办公室前的停车场很不安全，地面上有许多坑洞，路面也坑洼不平。她分别以口头和书面的形式向上级报告了这一情况，并提出了一些安全建议，但对方没有采取任何措施。她应该就此设定界限，如果单位不出面修理路面，她就辞职。但是出于对失业的恐惧，她坚持留了下来。结果，她在停车场摔过两次。最后一次摔倒导致她背部骨折，双膝永久性损伤，为了治病休养，她不得不离职。

伊莱恩回忆起几年前发生的一件事。有一次，她的一个朋友喝醉了，虽然她心里有一万个不愿意，但还是硬着头皮和朋友上了同一辆车。"我不是太'疯狂'，就是太'保守'，不知道如何维护自己的利益。"对于那个时候的她，与自己的安全相比，她更在意别人的看法。

和我过去一样，加布里埃尔、伊芳、蒂娜或伊莱恩一开始对界限的概念并不熟知。通过本书所述的方法，她们才意识到，一直以来允许他人肆意跨越自己界限的人原来就是她们自己。虽然她们生活在不同的环境中，但都没有学过如何设定界限和维护界限。这些女性从小接受的教育就是随大流、守规矩才是"正常"，即使这样的生活让她们感到痛苦，她们也从未想过改变。

通过设定健康的界限，合理地满足自己的需要，这需要我们主动争取。满足自己的需要和欲望是最自然而然的事情，但是我们所接受的教育却让我们把自己的需要和愿望置之度外。为了让别人过得舒服，我们就要牺牲自己的舒适。

显然，我的客户们因为逃避设立界限承担了巨大后果。害怕设立界限，显然是缺乏自爱的结果。我在以前写的书中多次说过，现在我还要重申一遍：我所教的一切都与自爱有关，这就包括学会设定和维护我们的界限。因此，开始设立界限之前，一定要问自己一个问题："为了自己的需要设定界限，是不是一种自爱？我应该设立但是却一直在逃避的界限有哪些？"

我们大多数人看到这些问题，可能都会有所顿悟。如果我们希望生活更快乐、内心更平静、满足感更强、感情更真实，那么必须清醒地认识到，正是我们现在容忍的一切，把我们的生活带入了相反的方向。这就是为什么第 2 步中你需要**盘点你的界限**，即列出你需要设立的个人界限清单——列出你在生活中真正需要开始说"不"的方面。

自我牺牲思想的起源和后果

世界上大多数国家都有尊崇牺牲精神的历史。在我们接受的教育中，自我牺牲被视为一种美德；"想人之所想，急人之所急"才是人之品德。我们还是孩子时，学校和家里都给我们传输了这样一个信息：只有我们做得好，才值得拥有爱。怎样才算做得好？那就是哪怕牺牲自己的幸福，也要确保他人的幸福。

但实际上，这是一种有缺陷、不健康的思想——是时候升级我们的文化规范了。诸多研究表明，自我牺牲常会引起抑郁和高度紧张。例如，2017 年发表在《自然·人类行为》（*Nature Human Behaviour*）杂志上的一项研究表明，友善、敏感的人比自私的人更容易抑郁。

如果我们不为自己着想，我们的健康、幸福和各类关系都会受到影响。如果我们习惯"过度给予"，便会在生活中吸引"过度索取"之人。毕竟，如果为了获得安全感，你需要无私地照顾他人，那么你就需要找到愿意接受你悉心照料的人。当然，这种关系是不平等、不平衡的——或者就我个人的体验来说，毫无乐趣可言。如我在上一步所说，我们会很容易因此责怪他人，在心里指责他们只知索取。但实际上这是一条双向路。如果你不愿意一味付出，就不会有人向你一味索取。

不知不觉中，我们认为，一旦被他人视为坏人——或更糟的是被视为自私之人——其后果就是，我们将遭到他人的排斥、抛弃，最终无人关爱、孤独一生。与其面对如此可怕的结局，不如压制自己的需求和愿望，让别人接受我们。特别是在青少年时期，得到同龄人的接受尤为重要。于是我们只得否定自己内心真正的需要，迎合所在的社会群体所认可和接受的东西。为了得到他人的接受——我们不得不做自己不愿做的事，忍受别人对我们的伤害。即使得不到尊重、界限受到侵犯、身心受到虐待，我们依然会选择随波逐流。

这种行为的另一个根源就是，我们在潜意识里就认为自己不配得到尊重，认为别人比我们更有价值，所以只得把自己的需求放置于一边。大多数人进入成年期后仍持有这种思想。

当所要设立的界限与我们的文化或家庭规范相悖时，设立界限的过程尤其困难。如果你所在的文化或家庭几乎没有设立界限的概念，只要你胆敢设立界限，家人们就会说你做事过分。你会发现，如果你要求兄弟行为端正一点或者选择不回家度假，他们就会震惊不已，给你冠上违背"家规"的罪名。不得不承认的是，在成为一名"界限达人"的过程中，一定会遇到重重障碍。（我当然也遇到过！）但我们别无选择。难道你想违心地穿上一件虚拟塑身衣，忍耐这种压抑的生活，放弃本应属于自己的美好生活吗？一切并非命中注定。我相信你一定已经做好了改变生活的准备，否则你就不会阅读本书了。

客户普丽娅（Priya）最近打算与家人设立一个新界限，但她知道这不可能是一件容易的事。与往常一样，她的家人让她和他们一起去旅行，可是这次她不想去，因为每次和他们一起旅行她都备感压力，而且矛盾重重。当我鼓励普丽娅大胆向前迈进设立界限时，她却立即后退了。她说："我还是什么都别做了，祈祷一切好起来吧。"

我问她："这样做起作用了吗？"她承认从未起过作用。不作为是一种逃避策略，不亚于违心接受我们不想要的东西。好在最终普丽娅决定设立界限，不再与家人一起旅行。做出这一决定委实不易，但在节假日中，她更乐意做自己想做的事。

对于那些童年时期经历过重大家庭矛盾的人来说，他们内心十分惧怕别人的愤怒，因此，他们学会了竭尽全力与身边人和睦相处，即使对自己造成伤害也依然忍气吞声。

"六岁的时候，"蕾妮说，"有一次我看到妈妈对姐姐大发脾气。我清楚地记得，当时妈妈气得脸颊通红，抢起火钳就去追打姐姐。结果我发现妈妈的鼻子有两处受了伤。究竟是我妈妈不小心撞到了走廊上的门，还是我姐姐一摔门把她的鼻子碰伤的，我不得而知。因为当时我吓得蜷缩在角落，根本不敢看接下来发生的事。反正我不想被我妈拿着火钳追着打。所以从那一刻起，我就决定做一个乖小孩。从这件事中我得到的教训就是，不违抗他人的意愿，不与他人争吵或争论，否则他们会把他们的爱收回去；如果我违抗了他人的意愿，要么我会受到伤害，要么他人会受到伤害，所以我必须学会顺从。正是由于我存在这种顺从心理，以至于我的父亲对我进行性骚扰时，我竟然都不敢反抗。现在，我的孩子们要买玩具、吃零食，我从不会对他们说'不'，哪怕我快要破产了，也会满足他们所有的需求。我的态度就是：不惜一切代价避免冲突。如果别人让我跳——不管我有多么不情愿——我会问他让我跳多高。这种顺从的心态不断地影响着我的决定。例如，我参加了一个合唱团，经常需要彩排，但彩排的日期又是我们演讲俱乐部开会的日子。我已经有一年多没去演讲俱乐部了，也不打算再回去，但是由于我害怕俱乐部少了一个会员会让某些人不高兴，于是我一直坚持交会费。"

我发现对冲突的恐惧产生的影响巨大。蕾妮童年的经历对她来说的确可怕，但她现在是成年人了，应该学会避免让童年的恐惧继续主宰自己的生活。

当我们害怕设定某个界限时，就会本能地为未设界限而产生的影响寻找借口辩护。我们自以为可以"应对这些影响"，但许多人多年来一直生活在应对这些影响的过程中。然而这些影响本就不该存在！在不断地应对的过程中，我们在心里埋下了怨恨的种子，这也是我们所付出的最大代价。无论我们多么努力地控制这粒怨恨的种子，它总有一天会爆发出来。我们会忍不住对孩子发脾气，或者与我们的伴侣或同事针锋相对，发泄压抑已久的愤怒。总之，我们终会爆发。就我个人而言，冲动之下做的那件事，彻底结束了我的婚姻。前文我讲过客户伊芳的故事，长久以来她一直压抑着自己心中的怒火，以至于殴打了她的丈夫，落得一个被丈夫起诉的地步。

当我们心里想说"没门"这两个字的时候，嘴上却违心地说出了"可以"（或者什么都不说），长此以往，我们便陷入了一个恶性循环，不得不一次又一次地说"可以"，好像避免冲突是最简单的解决办法。但请相信我——一个多年在婚姻中采取这种方法的人——这根本不是简单的方法。这样做或许能够暂时避免外在冲突的产生，却极大地放大了我们的内在冲突。再强调一遍：在我们试图避免与他人发生外部冲突的同时，我们其实是放大了自己的内心冲突！我们不可能永远掩藏自己的情绪，我们只是将不可避免的事推迟了而已。当淤积的情绪爆发出来，必然会张牙舞爪地扑向我们。其实，正因为我们从一开始就不敢诚实地面对和他人的冲突，所以局面才会越来越糟糕。

有意思的是，我们如此不顾一切地努力不去惹他人生气——结果却激怒了我们自己！

当我们的界限遭到侵犯时，愤怒是最自然的情绪。**他们凭什么那样做？** 但是由于许多文化都将愤怒的情绪视为不可接受甚至是危险的情绪——特别对女性和有色人种而言——于是我们学会了麻痹自己的情绪。我们所接受的教育告诉我们愤怒是危险的，是不可接受的，所以我们应该尽量避免表达愤怒的情绪。

不幸的是，抑制愤怒恰恰是导致我们失控的原因。到了忍无可忍的地步，我们便会在不知不觉中发泄愤怒。这也是我们需要进行反思和重新学习的内容之一。如果我们能够谨慎地表达愤怒之情，而不是如火山爆发般地发泄出来，这样的愤怒是极其有力的。关键要学会说"我很生气"——先对自己说，然后再对应该听的人说。

在我们压制自己的愤怒时，随之还会产生其他问题。**抑制任何情绪都需要我们麻痹自己的情感。** 麻痹愤怒或悲伤情绪的同时，我们必然会失去快乐和幸福的感受。我们用来抑制消极情绪的逃避措施——吸毒、酗酒、暴饮暴食、过度工作、过量运动、疯狂购物、盲目上网（你还可以添加你喜欢做的事）——都对我们的身心无益。

最后为这一切买单的就是我们的身体，我们压制的每一种情绪都在身体中不断淤积。这也是为什么许多人的界限遭到跨越后，他们首先会从身体上感受到。自从我从事界限设定的研究后，发现了许多以前从未注意到的情况。每当我面对一个选择时——每当我需要设立界限时——总会感觉我的肱二头肌有一些异样，就好像有人用一根带刺的铁丝把我捆绑起来，然后紧紧地拧了一个结。只要我压制自己的情绪，就会产生这种感觉；好像我别无选择，只能眼睁睁地看着自己的界限被他人跨越。现在，每当我违背内心的真实想法时，就会产生这种"被带刺的铁丝捆绑"的感觉。

客户坎迪丝（Candace）的界限遭到姐姐侵犯时，她的脖子上就会凸显出一根青筋。有一位客户，当界限遭遇跨越时，她的下巴就会出现异样；还有一位客户在自己的界限遭遇侵犯时，肚子就会不舒服。伊莱恩的界限遭到他人跨越时，她会感觉就像有人掐住了她的喉咙，仿佛内心的恐惧压制着她，不让她说出那些她不敢说的话。

露易丝·海（Louise Hay）[①] 曾经说过，如果我们无视身体默默发出的信号，最终我们要面对的将是刻骨铭心的痛。蕾妮在工作中没有设定界限，导致身心都出现了问题。精神上，她抑郁、焦虑、

---

① 美国最负盛名的心理治疗专家，杰出的心灵导师，著名作家和演讲家。她是全球"整体健康"观念的倡导者和"自助运动"的缔造者。露易丝·海揭示了疾病背后所隐藏的心理模式，认为每个人都有能力采取积极的思维方式，实现身体、精神和心灵的整体健康。——译者注

恐慌，甚至产生了自杀情绪；身体上，她患上了成人期起病哮喘^①和克罗恩病^②。

由于我们习惯了忽视身体发出的警告信号，因此大多数人都无法将疾病与界限联系起来。我们无视感受到的不适、疼痛和身体发出的警告信号，一如既往地压抑自己的需要，对他人无度给予，以至于再也没有能力麻木自己。最终，界限无休止地遭到侵犯，再加上压抑已久的愤怒情绪，对我们的身体造成永久性伤害。

如果仔细回顾生活中那些还没有设立界限的方面，你可能会对自己感到失望。你可能会发现原来自己一直是一个十足的受气包，完全没有界限的概念。如果是这样，请不要灰心，振作起来——我们每个人都有能力设立一些界限。盘点哪些是我们能够轻松设立的界限，将是我们接下来探讨的内容。

因此，在思考那些尚未设立的界限之前，让我们快速盘点一下你已经成功设立的界限。完成这个练习后，你会发现设立界限并不是不可为之事，而是你正在做的事。

练习：盘点那些你能够轻松设立的界限

在这个练习中，请列出一份你已经设立的界限清单，以及维系这些界限的方法。请将答案写在笔记本上或其他电子设备上。

① 通常成年后首次发作的哮喘被称为成人期起病哮喘。——译者注

② 克罗恩病是一种原因不明的肠道炎症性疾病，在胃肠道的任何部位均可发生。——译者注

1. 想出五个（不少于五个）你在生活中轻松设立的界限以及维系界限的方法。如：

我不允许陌生人进入我的房子。

维系方法：把门窗都锁上。

我的身体不能受到任何伤害。

维系方法：系好安全带；决不坐酒后司机开的车；远离有暴力倾向的人。

我不能生病。

维系方法：不吃对身体有害的食物；我对猫过敏，所以决不碰猫；决不使用毒品。

我的包不能被偷。

维系方法：始终拉好拉链，眼不离包。

决不参与非法活动。

维系方法：无论谁建议我参与任何违法的事情，均一口回绝。

不让孩子熬夜。

维系方法：睡觉时间一到，我就要求他们上床。

2. 现在，再盘点一下在以下生活方面你所设立的界限：

- 你和伴侣（如果有）之间的界限。（例如，双方不得出轨。）
- 你和孩子（如果有）之间的界限。（例如，晚上不能出门。）
- 你和父母（如果他们还在世）之间的界限。
- 你和兄弟姐妹（如果有）之间的界限。
- 你和其他家庭成员之间的界限。
- 你和朋友之间的界限。
- 你和同事之间的界限。
- 你和客户之间的界限。

你是否发现自己在生活中的某些方面其实也是一个界限能手，只是自己没有意识到而已？这个练习足以向你证明，即使在那些你认为具有挑战性的领域，你也能设立界限。

逾期未设的界限

你已经意识到，自己确实在生活中设立了一些明确的界限，现在请想一想那些你一直回避的界限——那些逾期未设的界限。之所以逾期未设，往往是因为你不惜一切代价避免发生冲突。避免冲突意味着你必须忍受**长期不适**——有时长达数十年——只为了避免因设定必要界限而产生的**短期不适**。

我们大多数人都是在无意识中默许了或被动地接受了他人的越

界行为，因此不可能采取实际行动予以制止。为了设立界限，我们必须有意识地做出新的选择，采取行动。对于他人的越界行为，如果我们已经默许多年，若想改变尤其困难。突然之间采取不同寻常的行动的确可能会引起冲突，因为对方并不知道你要改变——也可能不喜欢你的改变。

例如，你承担了家里的所有家务，每天累得精疲力竭，并且心生怨恨，但是由于你忍耐的时间太久，以至于你根本不知道该如何改变。也许你的亲戚经常不打招呼说来就来，即使给你带来了不便，你也从来没有对他们说过一个"不"字。也许你的老板一到周末就让你加班，还没有加班费，而你却因为害怕失去工作而一忍再忍。

正是因为我们总是把和睦共处的思想放在首位，害怕潜在冲突带来的短期不适，所以有些必要的界限，我们才迟迟没有设立。借口设立界限太难而退缩很容易，但是别忘了不设立界限也会给我们的生活带来困难。忍受别人的恶劣行为，压制心中的怨恨，假装一切都好，需要耗费大量精力。我们自认为默默忍受长期不适才是最好的选择，但实际上，如前所述，对于我们需要和想要的界限，如果一味采取回避措施，将会产生更严重的后果。

在感情中，你害怕设立界限后，爱人可能会离开你，因此你不得不否定自己的需求。想象一下：这样的生活会有什么样的后果？仅仅为了不让某个人离开你，就对他百依百顺，这样的代价是不是太高了？这样做不仅自己的需求得不到满足，而且每天如履薄冰，生怕惹得爱人不高兴，定会耗费大量精力。也许表面上你能假装一切都好的样子，但内心深处，你非常清楚事实真相。

我知道，一想到可能会失去爱人，定会让我们感到害怕——许多人常年就以这种心态维系着感情，期望奇迹的发生，期望对方能够珍惜自己的付出。然而，现实是残酷的，如果我们在感情中都不能表达自己的需求，那么这样的感情还有什么继续维系的必要？如果你爱的那个人需要你牺牲自己的需求才肯留在你的身边，那么你认为这个人真的爱你吗？我想说的是——也是我想强调的——你的价值远不止于此。与其和一个不断践踏你界限的人勉强维系关系，不如一个人有尊严地独立生活。

　　如果你也有同样的经历，请想象此时我把双手轻轻放在你的肩膀上，深深地注视着你的眼睛。**爱你的人，一定爱的是真实的你；不要再为他人而抛弃自己了。**如果设立界限就能决定一段感情的成败，那么你就需要认真考虑是否有必要继续维系这份感情。

　　我们总是过于"以他人为中心"，即我们过于频繁地关注他人的需求，却完全忽视了这种做法对自己产生的负面影响。遗憾的是，大多数人都会选择继续忍受长期不适，直到忍无可忍，就像我一样被迫改变；或者通过阅读本书，才开始主动思考如何在生活中设立界限。

　　我的客户中有许多人都认为在感情中设立界限是最困难的，因此在这个方面许多界限的设立都严重逾期。或许你的情况亦是如此。或许你是工作中的界限设立严重逾期，抑或与孩子应该设立的界限严重逾期。或许你能够意识到生活中某些领域的界限设立严重逾期。或许你会想：**我根本不知道我有没有逾期未设的界限。**如果是最后一种情况，那说明你与自己的需求和欲望严重脱节，根本不知道自己在哪些方面默许他人越界了。如果真是这种情况，我也能理解。在我的婚姻中，我吃什么、穿什么，甚至以什么方式锻炼，全由我丈夫说了算。我好像从来没有问过自己：自己需要什么。如果当时有人问我，有没有逾期未设的界限，我可能会耸耸肩说不知道。实际上，多年来我一直压抑着自己的痛苦、愤怒和悲伤，只是自己没有意识到而已。

想一想，一旦你开始满足自己的欲望和需要，你会害怕失去哪些关系，这种方法可以帮助你挖掘那些逾期未设的界限，你将了解到为了换取别人的爱或得到别人的认可，自己牺牲了些什么。同样，如果你发现自己开始抱怨或发牢骚（无论是大声说出来的还是自言自语的），都可能是某个逾期未设的界限引起的。

下面的练习有助于你理清生活中那些逾期未设的界限。纵然你自认为很清楚自己有哪些逾期未设的界限，完成以下练习的过程中，你可能还是会有新的发现。

练习：盘点自己的情绪和逾期未设的界限

在这个练习中，你首先需要思考你在生活中的哪些方面产生了消极情绪，然后分析这些负面情绪是否由你默许他人越界引发的。务必把答案写在笔记本上或者电子设备上。

1. 想想你的家庭环境、工作环境以及与各种各样的人——包括你的家人、朋友和同事——相处的情况。如果你在这一过程中感受到了以下情绪，请将感受到的领域和情况记录下来：

· **愤怒**——你感到过愤怒吗？如果有，为什么？如果你不确定为什么，那就问问自己，如果换作别人，在这种情况下他们为什么会愤怒。

·**恐惧**——你感到过恐惧吗？如果有，为什么？如果你不确定为什么，那就问问自己，如果换作别人，在这种情况下他们为什么会恐惧。

·**压抑**——你感到过压抑吗？如果有，为什么？如果你不确定为什么，那就问问自己，如果换作别人，在这种情况下他们为什么会压抑。

·**无助**——你感到过无助吗？如果有，为什么？如果你不确定为什么，那就问问自己，如果换作别人，在这种情况下他们为什么会无助。

·**绝望和冷漠**——你感到过绝望和冷漠吗？如果有，为什么？如果你不确定为什么，那就问问自己，如果换作别人，在这种情况下他们为什么会绝望和冷漠。

·**悲伤**——你感到过悲伤吗？如果有，为什么？如果你不确定为什么，那就问问自己，如果换作别人，在这种情况下他们为什么会悲伤。

·**疲惫**——你感到过疲惫吗？如果有，为什么？如果你不确定为什么，那就问问自己，如果换作别人，在这种情况下他们为什么会疲惫。

2. 请再回顾一遍刚才你写下来的答案，然后回答下列问题，并将答案写下来：

- 这些负面情绪是不是有人越界而引发的？
- 如果我想满足自己的需求，我该如何改变现状？
- 为了满足自己的需要，我应该设立哪些界限？
- 我是否清楚地向自己和他人表达了自己需要设立的界限？

3. 再回顾一遍所有答案，列出你需要设立但尚未设立的界限。这些就是你逾期未设的界限。

例如："多年来，我姐姐总是在家人面前贬低我，这让我感到十分愤怒。我早就应该告诉她，下次她再这样贬低我，我会转身离开。"

或者："我感到压抑、疲惫，因为我不知道我的婚姻还能否维持下去。我一直竭尽全力维系这几近失败的婚姻，却从来没有为自己做过任何事。对于我而言，逾期未设的界限就是——不再为了讨好妻子而一味妥协，我要寻找自己的幸福。"

以下是我的客户存在的逾期未设的界限，如：

- 不再为客户提供免费服务。
- 要求丈夫尊重我。
- 不再给已成年的子女太多钱。
- 要求支付加班费。

> • 拒绝向父母和兄弟姐妹分享我的私人信息。
>
> 　　这个练习一定会让你大开眼界。如果你发现生活中的一些负面情绪是没有设立界限造成的，那就振作起来，学习设立界限。继续阅读，你会学到设立界限的技巧和方法。

界限金字塔

　　我想你应该已经发现，我们设立的界限，包括逾期未设的界限，其影响力并非都相同。有的界限如果遭到跨越，对你的伤害性很大，而有的只会让你感到有些心烦，还有的影响力介于两者之间。

　　界限遭到跨越让人感到有些心烦的例子有：我有个朋友不爱看电视，她去看望母亲时，母亲从早到晚都把电视开着，这让她极为受不了。但这是母亲的家，如果让母亲直接关掉电视有些不合适，不过吃饭时她确实要求母亲把电视的声音关掉。虽然她母亲更想开着声音（危险边缘！），但最终还是同意了。这类界限我称之为"锦上添花式"界限，就是指那些你希望设立，但并不是非设不可的界限。

　　此外，还有中等程度的界限，即"最好拥有式"界限。设立了这类界限，你的生活就会更轻松、更愉快。例如，你的朋友白天给你发了几条短信，希望你能尽快回复。可是你的工作很忙，不可能时不时地停下来给她回短信，于是你想告诉她，除非是急事，否则不要在上班时间给你发送短信。这一界限并非至关重要，但可能会让你对你的朋友感到不满。再比如，工作中有几个人聚集在你办公室外的饮水机旁大声交谈，即使关上门，你也很难听清电话里的重要内容。这时，你就想让办公室外的同事们说话声音小一点。

最后，就是不可逾越的"底线式"界限——你最害怕设立的界限，也是逾期已久、迟迟未设的界限。这类界限涉及的都是一些你无法容忍的行为。如果这些行为持续存在，你必须采取行动保护自己，摆脱现状。例如，你的丈夫经常和你的父亲因为一些政治性问题发生争吵，这让你感觉压力很大。如果你打算把你的感受告诉丈夫，就要让他知道，如果他继续和你父亲争论，你就会离开家。

我有一个"底线式"界限，就是早晨醒来后必须立即冥想。所以我和伴侣之间设定了一个界限，在我完成冥想之前我不会和他交流。我还设定了其他一些"底线式"界限，如：不能在家里吸烟，不接受恶意批评。我朋友安娜的"底线式"界限是，只要姐夫表现出他那标志性的暴怒行为，她就决不会留在家里；客户亚历克斯（Alex）的"底线式"界限是拒绝回答姐姐提出的任何有关他个人生活的八卦问题。

别担心——我并没有要求你现在就设立这类界限。这一步只是为了盘点你需要设立的界限，也是你着手设立界限前对自己的现状进行的一次评估。记住：任何让你感到困难的界限，都不要急于设立；每个人设立界限的时间不同，设立界限的过程也不同。但是，对于那些你认为时机已经成熟且能够设立的界限，最好都写下来，这一点很重要。盘点界限是整个过程中至关重要的一步，所以不要欺骗自己，勇敢地写下你能想到的每一个还未设立的界限。

或许你感觉自己已经准备好了，甚至有些迫不及待地想设立一个"底线式"界限。我建议你沉住气，不要着急，等我们完成第7

步到第 9 步后，再开始设立也不迟。在完全阅读本书所有内容前，切记不要直接开始设立"底线式"界限。后面的章节不仅能够帮助你培养设立界限的勇气，而且能帮助你获得更高的成功率。

练习：界限金字塔

做这个练习之前，请回顾前面你所列出的逾期未设的界限清单，然后对这些界限进行分类。

画一个金字塔，在从底部到顶部的不同层级中分别写上："底线式"界限、"最好拥有式"界限、"锦上添花式"界限。

1. 你的界限中哪些属于"锦上添花式"界限？请把这些界限填入金字塔的顶部。设立这类界限并不难，感觉就在触手可及之间，属于那种可能会让你感叹"真的可以这么美好吗？"类型的界限。例如，通过设立这类界限，晚上你能够根据自己的需要调节卧室里的恒温器，让自己睡得更舒服；或者，通过设立这类界限，下午 6 点到 7 点孩子学习期间你能够获得一段属于自己的安静时光。

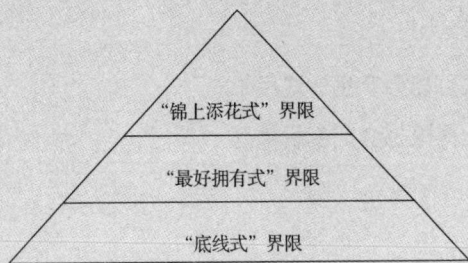

"锦上添花式"界限

"最好拥有式"界限

"底线式"界限

2. 你的界限中哪些属于"最好拥有式"界限——那些能让你的生活有很大改善的界限？请把这类界限添加到金字塔的中间部分。例如，晚上 8 点后，不再接听兄弟打来的电话；或者，要求邻居把垃圾桶从你的房子外拿走。

3. 你的界限中哪些属于"底线式"界限？那些让你长期感到不适——那些要不是因为害怕立即就想设立的界限。例如，不用再做所有家务；或者，母亲开始指责你哪里做得不好时，转身就离开。

请把你画好的界限金字塔保存好，在之后阅读本书的过程中，会多次用到这张图。

有了界限金字塔，你会更加明确生活中需要设立哪些界限。继续阅读，你会有更多收获。进入第 3 步，我们将学习如何应对设立界限时所面临的一些情绪障碍。

谨记

设立界限可能会产生一些后果，

但不设立界限也会产生后果。

克服病态互依症

第 3 步

Setting Boundaries

Will Set You Free

"小时候，我总是小心翼翼，一定会先观察他人的情绪，再决定自己如何反应、如何做。"杰西卡说，"直到现在，我和父亲的关系都是这样。即使打电话，他刚一开口，我就能判断出他的情绪如何。这老头今天心情好还是暴躁，还是完全变了一个人？我一听就能辨别出来。压力太大真的能产生毒素，当我决定勇敢地面对他时，竟然得了带状疱疹。我很想说我已经放下了，不再受他的影响，但这是在自欺欺人。就连去看他，我都需要事先想好采用什么策略；到现在我和妹妹还在玩'你告诉爸爸了吗？'这种病态互依的游戏。因为害怕他的反应或仅仅是不想'面对'他，我们的事从来都不会告诉他。"

　　蒂娜说，如果她想做的事让丈夫感到不舒服了，她就会压抑自己的需要，久而久之，她便不再有自己的需求了。"过去我喜欢的事情，只要他不喜欢，我就都不做了。"她说，"我丈夫不喜欢去酒吧。遇到他之前，我所有的朋友都是乐队成员，虽然我不喝酒，但我经常在酒吧唱歌或看朋友表演。但是现在，因为丈夫不喜欢我去酒吧，我与朋友们都断绝了联系。我不断放弃自我，于是不满情绪与日俱增，形成了恶性循环。虽然我承认这些都是我自己的选择，但我实在难以面对残酷的现实。"

　　瓦莱丽在童年时期就经常否定自己的需要，长大成年后依然如此。直到现在，她才开始学习如何满足自己的需要，学习如何在生活中设定必需的界限。

以上都是病态互依症的例子——我们习惯性地把他人的需要放在自己的需要之上。我对病态互依症的定义是：力求以他人的情绪校准自己情绪的行为。换句话说，只有确定了周围其他人的情绪后，才知道自己有什么样的情绪。

我们普遍认为，一个患有病态互依症的人，是指对某些人患上某种瘾的人，但事实并非一定如此。即使我们的生活中没有让人上瘾的人，也存在相互依赖的问题。像杰西卡一样，我们会先考虑周围其他人的情绪，再考虑自己的情绪。这分明就是本末倒置！我们应该在考虑他人的情绪和欲望之前，先关注自己的情绪和欲望。

我们为什么会有互依性？因为互依性能让我们产生安全感。我们总是认为，**我应该先听听他人的意见，这样我就知道自己该有什么观点了**。我们以为，如果我们知道别人能够接受什么样的意见，这样我们表达观点时就不会存在被他人嘲笑或拒绝的风险。多年来我一直就是这样做的，我的婚姻中、人生的每一段关系中都不例外。

病态互依性行为正是导致我们许多人无法在生活中设定界限的主要原因之一。这就是为什么到了第3步我们需要**克服病态互依症**。

病态互依症与界限

对于我们这些患有病态互依症的人来说，都不习惯表达个人的需求。每当有人问我们想要什么时，我们的脑海中会自动闪现出别人的需求。我们的需求并非出于对自己的幸福的考虑，而是出于如何确保在各类关系中与他人和睦相处的考虑。

患有病态互依症的你我，都具有很强的移情能力。由于我们"吸收"了他人的能量，所以设立界限尤为困难。我们只得抑制自己的情绪，优先考虑别人的情绪。如果有什么事发生在我们所爱的人身上，感觉就像发生在我们自己身上一样。我们不遗余力地确保周围每个人一切都好，却很少关注**自己是否一切都好**。我们告诫自己不要给他人带来负面情绪或不良影响，但自己却吞下了由负面情绪和不良影响合成的毒药。

结果呢？为了满足他人的需要、保证与他人和睦相处、维系人际关系，我们不断跨越自己的界限。明明不想同意的事，却违心地说"是"；别人问我们想要什么时，我们自己都不确定自己需要什么；许多人为了满足他人的需要，甚至容忍着身心受到虐待。

无论大事小事，我们都是这样应对的。例如，我有一个朋友对按摩师的按摩手法感到非常不满意，但是由于不愿提出自己的要求，她只得忍受。她担心按摩师会因此感到受到了指责，她不能容忍自己给别人带来任何程度的不适。其实，她只是想让按摩师的力度轻一点，要是真的提出要求，并不一定会对按摩师造成什么影响。就算这点要求真的会让按摩师感到不快，作为一个成年人，他也应该有能力应对这些情绪。

我们大多数人从童年起就形成了互依性。如杰西卡所说，我们总是小心翼翼，首先考虑他人的情绪，然后据此采取相应行动，作为一种自我保护的方式。这种心态造就了我们对他人的情绪极度敏感，越来越擅长将自己塑造成他人需要的样子。

　　互依性行为实际上是我们出于自身安全考虑，力图控制局势的一种强烈冲动。例如，我有一个朋友名叫玛西亚（Marcia），她的妈妈总是担心儿子会出错，于是弟弟的所有家庭作业都由玛西亚帮他完成。结果，儿子长大后对自己毫无信心。对他们的妈妈来说，她的行为其实是为了控制自己所担心的局面而采取的行动。实际上我们的互依性行为，体现了我们试图控制那些超出我们控制范围的事：他人的体验。

　　此外，互依性是不可持续的。互依性是建立在对他人意见的恐惧基础之上的——因此是不可能持续的。此外，这种行为也是不诚实、不真实的。长久以来，我们只得把自己的需求搁置一边——拱手将美味佳肴递给别人，自己却吃着残羹冷炙。我们终会为我们过度付出的行为承担后果。我们内心中的那个"真我"也想得到公平的待遇，挣脱束缚思想的枷锁，这样我们才能以真实的自己生活，发挥自己的潜力。无论我们多么努力地否认真实的自我，内心中总有一种冲动，想要真实的生活，想要平衡我们的付出与得到。这也是我们将在本部分学习的内容。

　　若想改变病态互依性倾向，我们首先要认识到自己的愿望和需求。此外，我们还要学会坚持自己的愿望和需求，不能因他人的情绪或需求影响或改变我们的需求。我花了很长时间才做到，不管周围的人有什么样的感受，我始终能让自己保持好心情。现在，即使身边的人情绪低落或生气，我也能牢牢掌控自己的情绪。

　　若要了解自己的病态互依性行为，我们必须学会了解自己是否存在易受他人的戏剧化情绪影响、将别人的需求置于自己的需求之上的情况。这需要警觉意识和主动意识。我们需要关注我们优先考虑他人的需要而忽视自己需求的行为。若想做到在考虑他人之所需前先考虑自己之所需，主动意识是你需要迈出的第一步。

　　杰西卡决定改变自己的病态互依性行为。有一天，她收到妹妹发来的一条短信，说自己欠了一笔律师费，无法支付，因此很不开心。"要是以前的我，一定会立即提出用我的信用卡帮她还钱，然后等她之后分期付款还给我。"她说，"这一次我没有这样做，而是给她回了一条短信，告诉她我听到这个消息很难过，然后让她自己申请分期还款。她回复说她'总会想办法解决'。听到这话，我心里多少感觉有点内疚，但我没有继续回信息。这样做的好处就是，我产生了一种自尊感，而且不用背上数千美元的债务了！"

　　你可能已经习惯于先考虑别人的需求，要想改变需要付出许多努力，然而一旦改变了，你的生活就会有大幅度改善。据我所知，那些从小患有病态互依症，后来踏上治愈之旅的人，生活质量都有了巨大提升。

　　客户宝拉克服了病态互依症后，生活得到了大幅度改善。以下是她的例子。"我儿子保罗上小学时，每隔一周才能在周末和爸爸罗伯特见一面，"她说，"这对保罗来说间隔的时间太长了。保罗十分想念父亲，有时甚至会通过一些恶作剧来发泄自己那受伤的情绪／思念之情。过去我经常给罗伯特打电话，提醒他给保罗打电话，他这才会给孩子打电话。保罗开心了，我也高兴。后来我意识到自己有病态互依症倾向，我告诉他什么时候给保罗打电话，用什么样的方法维系父子关系的做法，实际上就是在以我的意志要求罗伯特成为一种什么样的父亲。我希望罗伯特能够关心保罗的生活，试图让他做我想让他做的事。我意识到，无论我多么努力地想要控制局面，保罗都需要自己应对受伤的心灵。于是我不再要求罗伯特给儿子打电话。我知道一开始，这对保罗来说是一种挑战，但从长远来看，所有人都会受益。最终，随着年龄的增长，保罗和爸爸找到了彼此沟通的时间和方法。对我个人来说，我承受的压力变小了！"

在《允许把自己放在首位》一书中，我介绍了一种相对激进的思想：**我们可以做到在关心一个人的同时，不必"吸收"他们的情绪或问题**。对于患有病态互依症的人来说，这一思想很难理解，但事实可以如此。宝拉发现，我们甚至可以用这种方法对待我们的孩子。现在看来，这还真是一种激进的思想。身为父母，确实要为孩子的幸福负责，但是我们不能为了保护他们而让他们脱离现实生活。生活中本来就有苦亦有甜，有欢乐亦有悲伤。

然而，不把他人的需要放在首位并不意味着我们不爱他们了。我们往往自以为没有我们的干预，我们所爱之人就无法照顾自己，这实际上是我们一厢情愿地将他们幼稚化的行为，对谁都没有好处。因此，我们应该主动发现自己哪些方面做得太多、给予太多，在哪些方面承担了他人应该承担的责任，然后，设定必要的界限满足自己的需求——他人的需求就交给他们自己负责吧。

自我否定与内疚感

想不想知道自己是否也患有病态互依症？这种疾病最常见的症状之一就是内疚感。如果我们认为他人的快乐就是我们的责任，那么一旦我们有了自己的需要和欲望，就会产生内疚感。

瓦莱丽从小接受的就是这种极端教育。"每当我选择为自己着想，做自己想做的事时，我就会感到内疚和羞愧。"她说，"我不得不欺骗自己或将生活中那些对我来说真正重要的事深藏起来。"瓦莱丽还是个孩子的时候，父母离异，母亲禁止瓦莱丽与父亲有任何联系。虽然倍感痛苦，但是为了能让母亲接受自己，瓦莱丽从此将父亲从自己的生活中移除，割断了对父亲的爱。那个时候的她年龄小、性格敏感，这件事对她产生了重大影响，以至于长大后她认为考虑自己的情绪是错误的行为。"当我鼓起勇气选择为自己着想时，就感觉自己伤害了别人，成了一个可怕的人。"其实，大多数情况下，她的选择对他人根本没有任何影响，更不用说伤害他人了。例如，如果拒绝参加朋友的聚会，瓦莱丽就会感觉对不起朋友，但实际上其他人根本不在乎她参加与否。如果我们在如此小的年纪就形成了这种认识，它必将持续影响我们的生活，除非我们能够主动意识到自己存在这种认识，并主动质疑这一认识。

客户玛丽在设定界限的过程中，不断与自己的内疚感做斗争。她需要和父母设定一些界限，因为他们每周都会就一些鸡毛蒜皮的事向她唠叨好几次。玛丽的烦躁情绪对她的身体造成了极大影响，但是直接告诉父母自己不想听他们诉说，她又感到很内疚。正是这种内疚感提醒了她，自己的界限遭到了侵犯。当玛丽将更多注意力放在自己的需求上时——将他人的需要留给他们自己负责时——内疚感逐渐消退。

内疚感是一种自然反应，世界末日并不会因此而到来。即使心存内疚感，也不妨碍我们设立合理的界限。感到内疚是一种习惯——这是保证我们维持现状的安全机制。但内疚并不代表我们做错了什么，反而预示着我们做了应该做的事情！因此另一种激进的思想是：

如果设立界限时你感到了内疚，这其实是件好事！
表明你终于打破了旧的行为模式，敢于尊重自己的需要了。

当我们改变与所爱之人的相处规则时，产生内疚感是一种自然反应。这种内疚感是我们可以承受的，我们也能挺过去。

多年前，我还不懂内疚的真正意义。有一次我和露易丝·海在伦敦一起参加了海氏书屋举办的一次活动。露易丝想让我陪她一起参观花园，但那时我已经筋疲力尽了。我鼓起勇气决定先照顾自己的需求，于是拒绝了露易丝的请求。**我竟然拒绝了露易丝·海**！这对她来说根本不是什么大不了的事，但对当时的我来说却是件**天大的事**。我感到内疚至极。但现在我意识到当时产生的内疚感其实是一件好事，对我来说那是一个重大的转折点。通过照顾自己的需要，而不是机械地对重要的人说"是"，我学会了爱护自己。我也懂得了，就算心存内疚，我也没有责任去满足别人的需要。

有趣的是，我发现我们这些患有病态互依症的人，总是一味要求自我牺牲，却从不要求别人为我们牺牲！如果我们在付出的同时也要求别人对我们付出，那么各类关系中的"付出与得到"才能达到平衡；就不会存在我们过度给予的情况，我们也愿意接受他人的给予。如果我们坚持认为他人的需要只能由我们负责，这其实是一种妄自尊大的思想。我们凭什么觉得自己如此特别？

我多次说过，如果我们长期否认自己的需求，这些需求就会"另谋出路"。我说的"另谋出路"，是指我们的需求会通过无意识行为或疾病（精神疾病或身体疾病）的形式表现出来。有时生活会出其不意地迫使我们改变——如伴侣突然要求离婚、遭到解雇、房子被烧毁、汽车报废。这些事件看似随机，却是一种警钟，唤醒我们对自己选择的生活进行更深刻的思考。我们是否把自己照顾得很好？我们是否注意到了身体和内心向我们发出的警告信号？我们是否把自己的幸福和需求放在了第一位？如果没有，我们就需要做出改变。

若想改变，我们需要对自己的价值有更高的认识。随着自我价值感的增强，我们将不再满足于四处捡点面包屑勉强果腹，定会为自己精心准备一顿美餐。自我价值感、病态互依症和界限观念因此紧密相连。只有我们感受到自己的价值，我们才会认为自己的需要和别人的需要一样，都应得到满足，并为之而努力。教授兼畅销书作家布琳·布朗（Brené Brown）[1]说过："只有我们在内心深处感受到了满足，我们才能说自己'满足了！'"

我第一次探索自我价值感，决定设定界限时，当时的治疗师给了我一根绳子，让我坐在地板上。她让我把绳子在身边绕一个圈，以示我所能感知的个人空间。我把绳子尽量放在靠近我身体的地方，双手抱膝，缩成一团。换句话说，我几乎没有可以移动、呼吸和让我感到安全的个人空间。我把所有的个人空间全都给了别人。说实话，地板上的绳子让我瞬间顿悟。我清楚地看到，为了取悦他人，我做出了多少自我牺牲。

---

[1]　休斯敦大学社会工作研究生院的助理研究教授。她的研究课题包括脆弱性、勇气、真实性和羞耻。——译者注

作家梅洛迪·贝蒂（Melody Beattie）在《放手：走出关怀强迫症的迷思》（*Codependent No More*）一书中写道："过去我将大量时间花在了应对他人身上，以至于迷失了自己的生活方向。他人的生活、问题和需求成了我生活中的主要内容。当我意识到我可以考虑自己之所需、满足自己之所求后，我的生活发生了巨大改变。"

对此，我感同身受。与过去相比，我现在的生活究竟发生了多大的改变，我已经无法进行量化或用语言描述。总之，我现在的生活由我自己设计，由我自己主宰。只有在我愿意的情况下，我才会对他人说"是"，我会把自己的意愿放在首位。我所做的决定都是以自己的需要和需求为基础，同时我也相信其他人有能力照顾好自己的需要。我不再屈服、默许或迁就。当我不想说"是"的时候，我就会说"不"，至于别人会对我的真心做出什么反应，就不是我应该负责的事。我慷慨付出时，是因为我真心主动付出，而不是为了摆脱麻烦或讨某人喜欢被动付出。在你治愈了病态互依症和学会设定界限后，这也将是你的生活写照。

🐾练习：病态互依症对设立界限有何影响？

我在《允许把自己放在首位》一书中也设计了一个类似的练习，我认为这个练习对这一步的内容也很重要。本练习分为两个部分。首先，你需要评估自己是否患有病态互依症，然后分析病态互依症对设立界限的影响。请将问题的答案写在笔记本上或记录在电子设备上。

第 1 部分：你是否患有病态互依症？

请回答以下问题，分析自己是否在人际关系中存在病态互依症倾向：

• 你是否经常感觉在各类关系中，努力付出的只有你一个人？

• 你是否感觉几乎没有自己的时间？

• 你是否经常感觉自己的伴侣和其他人根本不知道如何正确或圆满地完成任务？

• 你生活中的人们是否都会依赖你来制订计划和处理细节问题？

• 你是否有过受困于一段感情，无法摆脱的感受？

• 你是否经常因为害怕伤害他人或引起他人不快而压抑自己的情感？

• 他人伤害了你的感情或做了一些过分的事，你是否想告诉他们却感到难以启齿？

• 有人请你帮忙时，你是否感觉很难拒绝？

• 对于你承诺为他人所做的一切，你是否经常感到应接不暇？

• 你是否认为凡事都应该让他人做决定才礼貌，即使他们的决定会影响你，你也会接受？

在这些问题中，如果你的答案中有一个是肯定的，说明你可能患上了某种程度的病态互依症。请在答案是肯定的问题旁，列出你跨越界限的各种方式。例如，如果你对问题"对于你承诺为他人所做的一切，你是否经常感到应接不暇？"给出的回答是肯定的，那么你可以在旁边写下："我根本没有时间，却接受了家长教师联谊会主席这个工作，因此我跨越了自己的界限。"

第 2 部分：病态互依症对设立界限产生了什么影响？

1. 列出一生中你最关心的人的名字。他可能是你的家人或亲密的朋友。

2. 在每个名字旁边，写下你经常为他们做的事情——但是如果你能直言不讳，这些事他们可能都能自己完成。

3. 为了承担这些责任，你允许他们跨越了哪些界限？在每个名字旁，把这些界限一一写下来。

4. 在此练习过程中，如果你发现了新的逾期未设的界限，请将其添加到上一章（第 2 步）界限金字塔中相应的位置。

如果你跨越了他人的界限

本书中，我们着重探讨的是我们如何与他人设立界限，但是，有时我们也不可避免地会跨越他人的界限。你还记得，他人给你设定严格界限的时候吗？当时你是什么感受？如果你感觉不舒服，可能会强化你不愿与他人设立界限的信念。但是现在，通过学习，你对设立界限的重要性有了一定的了解，你能在脑海中重构这一经历吗？

讽刺的是，我们过度给予的倾向有时反而会导致我们无意中跨越他人的界限。我的客户宝拉回忆说，有一次，她陪一位朋友去家具店买沙发："她要贷款买家具，我就问了她几个关于贷款合同条款的问题。我朋友抬头看了我一眼说：'与你有什么关系。'她说得对。我为此向她道了歉，不再问任何问题。我牢牢记住了这件事，以后每当我想以病态互依性行为插手别人的事时，我就用这件事提醒自己，克制自己，管好自己。"

宝拉之所以会问与合同有关的问题，其实是出于帮助朋友的目的，却无意中将朋友幼稚化，好像这位成年女性没能力购买沙发似的。这是患上病态互依症的人无意中跨越他人界限的典型例子之一。

重新定义自私和自尊

自私没有什么好名声，不值得拥有。我所指的自私，不是那种你可以肆意跨越他人界限、随意伤害他人的自私；我所说的自私，也不是指你可以恶意对待他人的借口。但我们的社会，确实将"自私"完全等同于"坏"，以至于许多人将我们应有的自爱和自尊都否定了。

在很长的一段时间里，我也曾否定自爱和自尊，但现在我认为，只有我自己得到了最好的满足，才能更好地维系各类关系——与伴侣、家人、朋友的关系，以及工作中与客户的关系。我知道，要是为了别人而跨越了自己的界限，我定会心生不满；我更清楚，不满情绪对所有关系的破坏性远远大于设立界限可能造成的短期冲突所带来的破坏性。

相信我，过去的几年里，我亲身验证了这一点。我发现，当我们都最大限度地满足了自己的利益时，我们都会得到更多。当然，我指的是合理的利益，不包括通过伤害他人而获得的利益。伤害他人的行为，为世人所不齿。

当然，我也不是说帮助他人就会让我不舒服。如我前面所述，我发现我需要承担照顾他人的义务越少，我越想主动帮助他人，越愿意付出更多爱。但我不会再出于责任或为了证明自己而帮助他人。我现在对他人的所有付出都发自内心的意愿。这样的付出，不再伴有不满情绪，也不是出于别人的需要。这是纯净的付出——不需要任何回报。这样的付出不仅不会耗费我的精力，反而会让我的精力更加充沛。

我认为自私、自顾和自爱就像关系亲密的三姐妹，她们的任务就是帮助我们尊重自己。如果你满足了自己的需要，设立了界限，首先取悦自己，确实会让有些人感到失望，**但这样做并没有什么错**。感情比共识更重要。大多数人认为，为了维系感情、维护关系，关系双方必须凡事达成一致。事实并非如此。分歧和不同是每段关系的组成部分，有分歧并不代表关系不和。

关系中的任何一方都有责任满足自己的需要。你的伴侣、兄弟姐妹或同事设立界限时，感到失望的人难道不是你吗？但这也正常。大多数关系都能承受住失望。导致一段关系无法维持的是长期的过度付出和由此产生的不满情绪。

我们必须学会在不伤害他人的情况下合理表达自己不同意见的

技巧。这就要求我们通过设立界限维系关系——就算有一方或双方都会感到失望，也要设立界限。

照顾自己，设立我们需要的界限，满足自己的需要，并不代表我们要去伤害他人或否定他人。并不是满足了自己的需要就一定要否定他人的需要，反之亦然。我们可以做到两全其美，既满足自己的需要，也能让他人得到他们之所需。当然，结果不可能总是这么理想，但这种理想结果发生的频率比我们想象的高得多。

对我的客户而言，最难的就是在感情中向爱人表达并承认相互之间的差异和失望。出于某些原因（可能是童话故事和浪漫故事看多了），我们认为甜蜜的感情中不存在分歧和不同。如果我们就一个重要问题产生分歧，立即就会得出结论：我们注定无缘。我现在就要打破这种浪漫的泡沫：人与人之间必然存在分歧，包括你和你的伴侣。

维系一段感情，需要真实的双方作为坚实的基础——哪怕（尤其是）双方存在分歧。自始至终维系一段和谐和睦的感情几乎是不可能的，除非感情中有一方完全否定真实的自我。

那么自我负责、相互坦诚的感情是什么样的呢？如我的感情：我和亚伦在一起时，我渴望独处的时间，而亚伦却想要更多共处的时间。首先，我决定先自我调节，明确自己对独处的渴望；然后，我与亚伦设立界限，虽然我知道他很珍视与我共处的时光，但我告诉他每周我需要有三个上午在办公室独处，不能和他一起喝咖啡。

对我来说，设定这样的界限并不容易，而且亚伦对此也很失望，但我决定先满足自己的需要。我把自己放在了首位。让他感到失望了，我也很遗憾，但我知道，仅仅为了避免他的不适和失望而放弃自己的需要是不健康的做法。他是一个成年人，有能力应对这些情绪。

慢慢地，亚伦开始享受这一周三个上午的独处时光——这最终实现了双赢。这就是一种两全其美的方式，而不是顾此失彼的应对方法。

其实同时满足两个人的需求有很多方法，其中最好的方法就是优先考虑自己，各自对自己的需求负责。这样，既可以享受在一起的时光，又不用担心发生冲突——这也是我们这些患有病态互依症的人竭力避免的冲突。如果我们能为自己负责，优先考虑自己，就能更好地避免这些冲突。如果我们能够将设定健康界限常态化，那么每个人都能因此得到满足。

我想对你说的是——尤其是如果你有病态互依症倾向，更要学会忠于自己。你需要探索自己是谁，想要什么，希望过什么样的生活；然后，根据这些信息而不是他人的需要做出选择并设定界限。

客户鲍勃（Bob）说："过去，我所做的一切决定都是为了取悦他人。"他错误地认为作为一个绅士，就应该牺牲自我，保证他人之所需。例如，无论是晚上出去吃饭、家庭度假还是与妻子购物，他都会竭力满足他人的需要而抑制自己的需求。而现在，他说他更注重自己的利益——做任何决定时，考虑的是对自己有什么影响，而不再是如何满足他人的意愿。如果周末他不想和妻子一起去逛古董店，他会直接告诉她，而不是一边违心地陪她逛街，一边在心里默默地怨恨。

对于我们这些患有病态互依症的人来说，把自己放在第一位是一种革命性的思想。先试着挑战一下：把自己的快乐放在第一位。

先挑战一天，如果太难了，那就试着挑战一个小时，然后逐渐将时间延长，慢慢形成习惯，不断探索自己的需求，并把这些需求（至少）放在与他人（甚至你的孩子）的需求同等重要的位置上。

习惯性地优先考虑自己的需求和快乐会是什么样子？以下是一个没有病态互依症倾向的人的生活写照。

清晨醒来，你的手机仍处于飞行模式。每天的第一个小时完全属于自己。你可以利用这一个小时冥想、写写日记、洗个热水澡、吃一顿健康的早餐，而不是一爬起来就急匆匆地回邮件。以这种方式开启的一天定会让你一整天都心情愉悦、精力专注。

打开手机，你看见兄弟给你发了一条短信，告诉你他这个月手头拮据，没钱付账，感到很恐慌。如果在过去，你可能会立即回复，承诺借款给他。但是你心里很清楚，他之所以经常债务缠身，完全是因为他花钱大手大脚。你决定先了解情况，然后再回复。但不管怎样，你都不会主动提出帮助他摆脱困境。

过去，无论你的伴侣（或朋友、父母、老板等）要求你做什么，即使你心里不情愿，也会自动答应，但事后就会心生不满。

然而现在你不会再这样做了。你会直接说出自己的真实想法，维系自己的界限，不再滋生愤怒或内疚。

你可能担心对方会失望或沮丧，因此感到些许紧张，但与此同时，你也会由此产生一种自我强大的感觉。

因此，无论对谁，你都应该诚实以待，表达自己的真实需要，最终实现双赢。（以前谁敢相信能实现这样的结果？）

今天下午你有一个重要会议（面试、与潜在客户交谈、重要约会）——这样的事情如果放在过去，你会努力表现出自己"最好"

的一面，对谁都会笑脸相迎，以博取他人的好感。而现在你对自己的行为模式有了清楚的认识，你决心改变。

现在你出席这样的场合时，一定会表现出真实的自我，不管自己在他人眼里有多怪，你也不再掩饰。没想到大家更喜欢你了。你发现他们喜欢的恰恰是那些曾让你自己感到最不安全的品质。

若是时间能够倒流，你一定会告诉过去的自己，生活原来可以这样美好。该发光时发光、该发声时发声，遵从自己的内心，你真的可以过上自己应有的生活。重要的是，你现在意识到自己可以这么做，会让你的生活越来越好。

怎么听着有点像幻想？我可以保证，这不是幻想！就从克服病态互依性习惯、学习设立健康的界限开始吧。

练习：通过冥想，转化内疚

下次如果你感觉要被自己的内疚心理拉回病态互依症的漩涡时，试试这个冥想练习。这个练习能够帮你把自己从他人的责任中抽身出来，他人的幸福就交还给他们自己负责吧。

开始前，一定要关掉所有通信设备，全身心地投入冥想中。穿上宽松的衣服，坐在舒适的椅子或沙发上。如果愿意，还可以播放一些轻音乐或点上蜡烛。你可以用自己的声音读出并录下以下冥想的步骤，这样你就不必睁开眼睛，扰乱冥想状态。

请注意，本书所涉及的所有冥想练习，准备过程都相同。这样你便能习惯整个放松的流程，自然而然地进入冥想状态。

1. 闭上眼睛，深呼吸。从脚开始放松身体的每一部分，然后逐渐上移，放松腿部、臀部、腹部、胸部、背部、手臂、颈部和头部，直到全身放松。**不要心急。慢慢放松，继续放松，越来越放松。**

2. 想象有一根绳子将你的腹腔丛①与另一个人的腹腔丛连接起来，这个人就是你需要为其情绪负责的人。腹腔丛是指底部肋骨之间躯干中央部分的平坦区域，也是我们情绪脉轮的所在之处。

3. 想象着自己用一把剪刀剪断了这根绳子，然后将那个人交还到他的"高我"（higher self）手中，即一个最智慧的部分，也是一切智慧之门。

4. 你是否感觉自己正在抛弃那个人？内疚之情是不是油然而生？如果是这样，深呼吸，提醒自己这个人有能力照顾自己，能够自我负责。

5. 想象那个人的"高我"正在向你挥手，支持你设定界限，支持你不再为他人负责。

6. 为了进一步断绝你与那个人的联系，巩固你的信念，即他可以自顾信念，想象你的全身从头到脚螺旋环绕着白色的光芒，如蚕茧一般保护着你。这个茧将把你作为一个独立的实体与他人分开，不再受到他们的情绪和需求的纠缠。

7. 同时，想象那个人的全身从头到脚也环绕着如蚕茧般的

---

① 腹腔丛也称太阳丛，是最大的内脏神经丛，位于腹主动脉上段的前方，围绕腹腔动脉和肠系膜上动脉的根部。——译者注

保护性白光。这个茧将他与你分离，他的情绪和需求由他自己负责。

8. 一切完成后，扭动自己的脚趾和手指，轻轻转动脖子，逐步恢复清醒。睁开双眼，确定自己已经放弃了对那个人承担的责任。

9. 如果你还心存内疚感，请记住这是你正在改变的积极迹象。如果内疚感形成了威胁，阻碍你设定界限，请闭上眼睛，想象再次切断那根绳索，身上环绕着独有的光之茧。

克服病态互依症是学习设定界限的一个重要内容，能够引导你深入挖掘，发现阻碍你前进的情感障碍。做到了这一点，你就可以进入第4步，挖掘自己的潜意识。

谨·记

如果设定界限时你感到了内疚，这其实是件好事！
表明你终于打破了旧的行为模式，敢于尊重自己的需要。

挖掘潜意识

第 4 步

Setting Boundaries

Will Set You Free

据科学家估算，`人类 95% 的大脑活动都是无意识的。这说明我们的大部分情绪和行为都是由潜意识驱动的，并非大脑中的主动意识。那么，我们经常莫名其妙地产生这样或那样的情绪或行为，这有什么奇怪吗？为什么我们会频繁地回避那些明知对自己有利的选择，偏偏倾向于那些会给我们带来麻烦的选择？难怪我们会经常在关系中感到挣扎甚至失控。

我们把无意识行为转变为主动意识的能力越强，我们的生活就越健康。我们看到的东西越多，隐藏的恐惧和问题就越少，设定界限的障碍也就相应减少。我们就有能力主动地控制自己想要什么、需要什么。

我曾提到过限制性信念（limiting beliefs）的概念，有时也称为"影子信念"（shadow beliefs）。这些信念在我们小时候就形成了，通常是无意识的，除非我们能够将这些无意识信念转化为有意识的觉知。尽管信念是可塑的，也是可修改的，但我们作为成年人总是将这些信念视为无法更改的事实。

我对自己的"影子信念"研究了多年，最后发现，我才两岁的时候，就形成了这样一种信念：凡事只有做到完美，自己才会安全。在我的思想中，做到完美就是要取悦他人，因此我几乎不可能对任何人设定界限。尽管我的信念有些不合逻辑——而且是在我很小的时候形成的——但是这一信念一直左右着我的选择，直到前几年才有所改观！

我有一个朋友，小时候因为表达了自己的愤怒而受到严厉训斥，结果，她从小就形成了一种信念，即生气是不对的。有了这一信念，她从未对任何事情表示过不满，这成为她设定界限的障碍。

我们两人的这些信念并非与事实相符：表达愤怒并没有错，我们也不必为了安全而事事追求完美。但现实中我和朋友都把这些所谓的信念当成了生活中的事实——这些信念却驱使我们驶向了相反的方向，未能实现我们之所需、我们之所想。如果我们能够意识到"影子信念"的存在，就能在心灵的"操作系统"中安装健康的新信念，这样我们就有能力设定界限，满足自己的需求。

除了限制性信念之外，我们的潜意识中还存在其他思想障碍，有待于我们深入探索和挖掘，从而克服对设定界限的厌恶。在这一步中，你要做的就是深入挖掘，找出那些隐藏在潜意识中的一行行"代码"，因为正是这些"代码"，阻碍了你设立界限金字塔中的所有界限。

潜在承诺

我从已故导师黛比·福特（Debbie Ford）[①]那里学到了一个强大的概念，即我们每个人都存在"潜在承诺"（underlying commitments，有时称为"无意识承诺"或"隐秘承诺"）。黛比

---

① 全球知名心灵导师，国际畅销书作者，美国著名演讲家。——译者注

认为，我们**想到的或表达的**承诺往往与深藏在我们潜意识中的承诺不一致。所以我们以为我们想要什么时，内心其实暗自承诺的是相反的内容。

潜在承诺源于我们童年时对自己所做的各种承诺，通常是因限制性信念而产生的。例如，如果你和我一样都认为，只有凡事尽善尽美才能安全，那么你很可能存在一个无意识的潜在承诺：尽一切可能将凡事做到完美。但是作为成年人，即使有人的行为没有达到你所定义的完美，你也很难和这个人设立界限。潜在承诺说明，我们所表达的愿望和我们实际所做的事之间存在脱节现象。

我还存在一个潜在承诺，那就是：只有我"证明了"自己的价值，才能得到他人的爱。这是基于我的一个限制性信念产生的承诺：如果我不能满足他人的需要，我就没有价值。因此，尽管我嘴上说想和一个有稳定收入、能自己养活自己的强大男人结婚，但却嫁给了一个在经济上依赖我的人。通过在经济上满足他的需要，我才证明了我作为一个人的价值。这一潜在承诺成了我坚守婚姻的借口，也正为这一潜在承诺，我不得不一而再再而三地跨越自己的界限。

蒂娜终于决定和丈夫分居。但是由于他们仍然住在同一所房子里，所以她和丈夫设定了界限，彼此之间不能有身体接触。"几个月后，我自己跨越了界限，因为我需要性和身体上的安慰，所以和他上了床。"她说，"显然我心中的潜在承诺是：给你什么拿什么，不能挑肥拣瘦。正是因为有了这种潜在承诺，我不敢找新男友，因为害怕遭到拒绝。这又将我带入我的限制性信念中：我的需求不配得到合理满足。所以我选择了自己熟悉、感觉安全但是不快乐的事。"

安娜从小就认为，只有她表现得安静听话，才能得到家人的爱。

不知不觉中她形成了一种潜在承诺：要想融入一段关系，就要保持沉默。然而她说："讽刺的是，我从未真正融入过哪段关系，因为我从来没有表达过自己。"当然，保持沉默和顺从听话意味着永远无法设定界限。

对于我们这些还在犹豫要不要设立界限的人来说，都有一个共同的潜在承诺，那就是"我不可能改变"。这可能源于我们童年时家里发生的可怕冲突，抑或源于我们发脾气时遭到的严厉惩罚。

例如：假设你讨厌现在的工作状况，想和老板设定一个界限，告诉他加班就要加薪——但你根本开不了口。你想要规避风险的无意识承诺所产生的影响，远远大于你想得到合理补偿的有意识的意愿所产生的影响。

也许你的限制性信念是：如果惹得别人生气了，自己就不安全了。结果你形成的潜在承诺就是：永远不惹他人生气。为了履行这一承诺，你会不遗余力地听从他人的意见，默许他们的愿望——而对自己的需求却选择沉默不争。

我们习惯了为满足他人的需要而"承受损失"，完全意识不到我们在这个过程中对自己的背叛程度。许多人甚至因为自己能够承受这些"损失"而感到自豪。（我说的就是你，所有患有病态互依症的殉道者们！）

如果你的界限迟迟未能设定，很有可能就是因为潜在承诺制造了障碍。如果我们还是孩子，潜在承诺的确是抵御伤害的最好方法。但是，作为成年人，潜在承诺却会给我们带来伤害。

不幸的是，通常情况下，我们很难理清我们存在的潜在承诺。有时候，你以为的承诺其实与你的潜在承诺并没有直接关系。如以下三个例子。

"我**以为**我的承诺是：赚大钱、少工作。"

潜在承诺："实际上我的承诺是：永不改变。无论现在有多痛苦，决不换工作。"（请注意，这种潜在承诺与赚钱无关。）

"我**以为**我的承诺是：需要什么，就要表达出来。"

潜在承诺："实际上我的承诺是：保证他人满意。"（请注意，这种潜在承诺与是否表达自己的需要无关。）

"我**以为**我的承诺是：照顾好自己。"

潜在承诺："实际上我的承诺是：为了融入一个标新立异敢于冒险的群体，于是参加了朋友们的冒险活动。"

有些潜在承诺根本不合逻辑，很难相信我们竟会形成这样的承诺。我的客户诺埃尔（Noele）意识到自己存在一个潜承诺，那就是忍受痛苦。为什么会有人承诺这样的事？就连诺埃尔自己也不确定为什么，但我们可以推测出她小时候，身边的成年人都不快乐。我们都会对生活中的事耳濡目染，现在忍受痛苦是她设法融入原生家庭的一种方法。也许那时她挺开心，却惹得周围的人不开心。不管这种承诺源自何处，直到最近，诺埃尔仍然承诺，和家人一样忍受痛苦。扮演成一个不幸的受害者，也有其好处，这样就不用对发生在我们身上的事情负责，把没有设定界限的原因归咎于他人。（这个生动的受害者故事可以成为我们在各种聚会餐桌上的谈资了。）

有一些潜在承诺很快就会消失，但有一些则非常顽固。如果有必要，可以寻找熟悉潜在承诺领域的治疗师或生活导师帮助你找出自己的潜在承诺，然后设法克服。关键是要对自己有耐心！探索潜意识不是一朝一夕的事，需要持续终生。探索过程充满惊喜，乐趣无限，每一个新发现都有助于提高你的生活质量。

❧ 练习：发掘你的限制性信念和潜在承诺

这个练习能够帮助你发掘自己的潜在承诺。找出这些承诺需要时间，所以一定要有耐心。将答案写在笔记本上或记录在电子设备上。你的某些答案一定会让你感到震惊！

第 1 部分：可能存在的潜在承诺

1. 回顾自己的界限金字塔，选出最紧迫同时又是最难设立的界限。先写出你能够主动意识到未设此界限的原因，再写下那些可能阻碍你设立界限的限制性信念和潜在承诺。

如以下示例：

· 示例 1：

我需要设定的界限：告诉我的兄弟不要再对我的生活品头论足。

未设界限的原因 / 阻碍我设立界限的信念：我认为设定界限会导致我失去这个兄弟。

可能存在的潜在承诺：我承诺不被他人抛弃，不会孤老一生。我承诺不惜一切代价避免一切冲突。

· 示例 2：

我需要设定的界限：我不想再为好朋友的问题负责。

未设界限的原因 / 阻碍我设立界限的信念：我认为拒绝朋友

的要求是残忍的行为，如果我如此残忍，我就是一个坏人。

可能存在的潜在承诺：我承诺不辜负自己对"好人"的定义，如果我不是一个好人，我就没有价值。

2. 再看一遍自己的答案。你写下的潜在承诺是真的吗？如果你写下了多个潜在承诺，哪一个对你来说最真实？通常情况下，看到最真实的那个承诺，我们都会情绪激动，或者有所顿悟。如果没有这种感觉，继续找那个能让你产生这种感觉的承诺。

想一想：之前你为什么会做出这样的承诺？是什么样的情况或环境导致你对自己做出这样的承诺？闭上眼睛，试着回忆童年你做出这个承诺时的情景。那时的你可能还不足 10 岁。如果回忆不起来，也没关系，有可能是你做出这个承诺时年纪太小，没什么印象了。能想到什么就写什么。

• 示例：如果我承诺永远不改变，为什么？如果真的要改变，我怕的是什么？父母经常吵架，最后离婚了，此后我和父亲见面的机会就少了。这是极其痛苦的经历，我不想再次感受这样的痛苦。

第 2 部分：新承诺、新信念

1. 写下一个新信念和新的潜在承诺，使之反映你的真实需要：

• 示例：

限制性信念：我认为拒绝朋友的要求是残忍的行为，如果我如此残忍，我就是一个坏人。

新信念：为了满足自己的需要而对他人说"不"是健康的行为，即使我对他人说了"不"，我仍然是一个好人。

潜在承诺：我承诺不辜负自己对"好人"的定义，如果我不是一个好人，我就没有价值。

新承诺：我承诺重新定义"好人"的含义，我无须通过行动证明自己的价值。

2. 问问自己，为了实现新承诺，必须放弃什么。

• 示例：为了对我的朋友说"不"并设定界限，我必须放弃"对别人说'不'就是一个坏人"的信念。这样做可能存在激怒朋友的风险，也可能失去这份友谊。

3. 问问自己，实现了这个承诺，你会得到什么。

• 示例：如果我对朋友说"不"并设立界限，我将获得自尊，合理地满足自己的需要。我不再因为违心地做了不想做的事情而怨恨。如果我因此失去了这个朋友，只能说明他不是真正的朋友。

第 3 部分：内在小孩（Inner Child）

花点时间敞开心扉，给予你的内在小孩一些同情，他是出于自我保护才创造了这些限制性信念和潜在承诺。尊重内在小孩的恐惧，不再纠结过去的承诺。告诉你的内在小孩，你已经有了新的信念和承诺，不再需要这些旧信念和旧承诺。通过这些新承诺证明自己有能力设定界限，能够更好地照顾你的内在小孩。

我建议你定期反复做这个练习，因为明确潜在承诺和创建新承诺是最强有力的内在工作。如果你无法确定自己的潜在承诺，可求助于生活导师。

被否定的品质

除了限制性信念和潜在承诺以外，还有一种行为也从心理上阻碍了我们发现和设定界限。我们具备某些品质，但又被我们全盘否定，以至于我们自己都以为我们不曾具备这些品质。同样，这种行为模式也是在我们小时候形成的，因为那个时候，我们生活中的权威人物常将这些"被否定的品质"（有时被称为"被否定的自我"或"影子自我"）视为错误的、有问题的、不良的品质。我们只有抑制所有"不良"的品质，才能被人接受，才能得到爱。通过隐藏这些品质，不知不觉中我们开始相信这样做是为了保护自己，以免遭人抛弃。

诗人罗伯特·勃莱(Robert Bly)①将这些被否定的品质描述为"我们拖在身后的一个长袋子"。我们把自认为需要隐藏的所有品质都放进了这个袋子里。他写道："二十岁之前我们一直在决定把自己

---

① 美国"深度意象派"代表诗人，已出版十多部诗集、三十多部译诗集，主要诗集有《身体周围的光》《上帝之肋》等。——译者注

的哪些品质放进袋子里，而余生却在努力地想把袋子里的东西释放出来。"

我们为什么要把这些从理论上来说是"可怕"的品质从袋子里释放出来？如果我们不主动释放，这些品质就会在我们无意识的状况下显露出来。对，就是我前面说的"另谋出路"。我们并没有真正地把这些品质藏起来；只要我们稍不注意，这些品质就会跑出来"咬"人！我们很容易在周围的人身上看到这些品质。由于我们不能"展现"这些品质，因此当他人光明正大、毫无羞愧之心地表现这些品质时，我们就会异常敏感。

被否定的品质是设立界限的关键，因为正是出于对这些品质的恐惧，我们才会形成处处取悦他人、过度给予的行为模式。明知道对我们有利的界限，我们却没有设立，原因就是设立了界限，会让我们成为我们不想成为的人。如果我们对某种品质产生了强烈的"厌恶"反应，那么说明你内心的某个位置肯定隐藏着一个被否定的品质。

事实是，我们每个人的内心都有众人所有的品质和特征，只是程度不同罢了。我们每个人既是善良的又是残忍的，既是聪明的又是愚蠢的，既是神圣的又是邪恶的。每种品质都有积极的方面。

婴儿时的我们，全面地展示了人性。上一秒还哭得稀里哗啦，下一秒就能咯咯大笑。那时的我们，完全拥有并能全面表现人性中的所有品质和特征。但是有一天，我们发现，父母不喜欢我们做的一些事。他们会说："你不能安静点吗？""别那么大声！""不能太贪心了！"为了保住父母的爱，我们开始拒绝一部分自我——精力充沛的自我、大声喧哗的自我或贪心的自我。

到了上学的年龄，我们听到的批评声越来越多，从我们的监护人、老师、朋友和整个社会源源不断地传到我们的耳中。为了适应这个世界，我们不断地否定自己，拒绝和压制那些我们认为不为他人所接受的部分。结果，这些被我们压制的部分就藏在了潜意识的阴影中。

好消息是：如果你能够再次全面地正视自己，就能将这些曾被你否定的部分释放出来。如果你想设定一个自认为比较自私的界限，有两个步骤。第一，摒弃"设定界限就是自私行为"的错误思想；第二，不再抵触自私，接受自私的积极面。

还记得吗？我说过自私并不像我们所学到的那样都是不好的。如果你认为照顾自己是自私的行为，那么请接受自己就是有一点点"自私"的思想，这样你才能实现健康、平衡的生活。注意，极度自私是不可取的。

再比如：懒惰一直是被我否定的一个不良品质。我从小就认为，要确保自己的安全，就必须高效，所以我承诺永远不能懒惰，我也因此成了一名高成就者（overachiever）。我的前夫和前伴侣亚伦都表现出了我以前认为的懒惰行为。

当我们否定一部分自我时——我们会由内向外投射这种品质，就像一面镜子，通过他人再反射回来。这就是心灵向我们发出的警示信号——明亮的霓虹灯招牌上写着："在这里，这里藏着被你否定的品质！"如果看到——甚至蔑视——他人身上的某些品质，我们就知道自己缺失什么，哪里需要治愈。

幸运的是，我和亚伦在一起时，我发现他身上的所谓懒惰其实是一种自我放松、寻找快乐的方式。我们刚相遇时，我背负着巨大压力，认为快乐只属于别人。那时的我完全不懂如何放松，如何享受生活。过去的几年里，我在亚伦的潜移默化下学会了放松。我找到了自己隐藏已久的"懒惰"品质。慢慢地，我反而能够接受亚伦悠闲自得的天性，同时发现了一个喜欢享受下午时光的懒惰版南希！

如果你因此感到害怕，大可不必。认可那些被否定的自我——我们曾担心，我们会一落千丈，变成**最糟糕的**我们。正是这种非黑即白的既定思维让我们深囿于他人的评判之中。虽然我现在懂得了如何放松，但这并不意味着我就会沦为一个好吃懒做之人，而是代表我不会因为害怕别人说我懒惰而不休不眠地工作来证明自己。当我把"懒惰"的品质融入自己的内心时，我开始放慢生活的脚步，不再过度工作，身心更加轻松。这就是懒惰的积极方面。

如果看到别人表现出那些被我们否定的品质时，我们的情绪通常会有所触动。有所触动就是一种迹象，表明我们需要深入挖掘，确定我们是不是否定了此人所表现出的品质。亚伦的懒惰触动了我，所以我不断提醒自己，我之所以会对懒惰这种行为品头论足，可能正是因为我在内心中否定了这一品质。

不过，需要澄清的一点是：认可被否定的品质并不意味着你必须喜欢或接受他人的所有行为。每个人对每种品质的表现程度各不相同。我永远不会成为一个好吃懒做或自私自利的人，也不会接受伴侣极端懒惰或过分自私的行为。我们所做的转变就是：不要走向极端，完全否定某些品质——或者是因为害怕存在这些品质而纵容他人跨越我们的界限。

如果你正在为设定健康的界限而纠结，以下所列内容可能就是被你否定的品质：

- 自利或自私

- 生气、愤怒

- 卑鄙、残忍

- 不负责任

- 吝啬、小气

- 只 "取" 不 "舍"

记住，被我们否定的某些品质可能会被他人视为积极品质！由于我们认为自信的人缺乏谦逊，从而否定自信；由于我们认为只有精英才是智慧的，从而否定自己的智慧；由于我们害怕他人将我们视为 "水性杨花" 之人，从而深掩自己性感的一面；由于我们害怕别人说我们 "炫耀张扬"，从而隐藏自己的才华。

挖掘被自己否定的积极品质，最好的方法就是想想你最敬仰的人。例如，你所敬仰的人是一个勇敢之人，那说明你也很勇敢——只不过你把这一品质隐藏了起来。你之所以没有表现出来，是因为在你过去的某个时刻，勇敢的行为让你感到了不安全。

黛比·福特将认可这些积极品质的过程称为 "重获光辉"。她说："欣然接受自己的光辉，相信我们能够主宰自己的生活，相信我们所拥有的每一种品质。为了实现和满足内心最深处的愿望，我们必将全力以赴。" 在性格中融入更多积极的品质并接受自己的优秀，我们的自爱能力将随之增强，设定需要的界限也会相应容易。

无论你现在否定的是积极的还是消极的品质，这些品质早已存在于你的内心。你需要意识到自己否定了哪些品质，这样你才能学会欣赏和接受这些品质，因为这些品质都是人性的组成部分。或许正是因为你还没有将这些品质融入自己的性格之中，所以你才迟迟未能设立你需要设立的重要界限。

练习：发现被你否定的品质

本练习旨在帮助你探索，在设立界限的过程中，哪些被你否定的品质形成了阻碍。通过第 1 部分练习，你将找出那些被你否定的消极品质。在第 2 部分练习中，你将通过冥想发掘被你否定的积极品质。对于需要写出答案的练习，请将答案写在笔记本上或记录在电子设备上。

第 1 部分：被你否定的消极品质

1. 列出三个你不喜欢的或者能够引起你情绪的人。你不喜欢他们的哪些方面？他们的哪些品质让你感到反感？把想到的品质一一列出来。

2. 想一想，你在生活中是否也表现过同样的品质？可能表现形式不同——没有他人表现得那么极端——但你很有可能在某个时候以某种方式表现过。

3. 问问自己：为了避免他人认为你也有这样的品质，你是如何进行过度补偿的？你如何控制这些品质不被暴露？例如，如果被你否定的是自私行为，你可能会不遗余力地避免对他人表现出自私。

4. 回顾你的界限金字塔，找出你最想设定的界限——或许也是你最害怕设定的界限。你有没有分析过自己还未设定这个界限的原因？如果你真的设定了这个界限，你害怕别人会说你什么？他们会说你吝啬小气还是不负责任？他们会说你自私还是"只取不舍"？以这些问题的答案作为线索，找出那些被你否定的品质，即如果你设定了这个"可怕"的界限，就会"表现"出的行为。

5. 现在写下每一个被你否定的品质的积极方面。例如，如果被你否定的品质是"自私"，那么其积极的方面可能是：自私的人能够维护自己的利益、获得自己应得的利益，或者能够自我照顾。如果被你否定的品质是"不负责任"，那么其积极的方面可能是：不负责任的人更随性、更快乐。如果被你否定的品质是懒惰，那么其积极的方面可能是：懒惰的人更懂得如何放松自己。

6. 最后，选择一件你在本周内就可以做的事，尝试将某个被你否定的品质中的积极方面融入你的生活。例如，如果被你否定的品质是"自私"，那么本周试着做一件你认为自私的事。可以是一件很小的事，如：这周我要给自己留一个小时的时间，不受任何人干扰，完全按照自己的意愿做自己想做的事。

第2部分：被你否定的积极品质

现在我们来看看那些被否定的积极品质。这部分练习需要你进行短时间的冥想。开始前，一定要关掉所有通信设备，全身心地投入冥想中。穿上宽松的衣服，坐在舒适的椅子或沙发上。如果愿意，还可以播放一些轻音乐或点上蜡烛。你可以用自己的声音读出并录下冥想的步骤，这样你就不必睁开眼睛，扰乱冥想状态。

1. 闭上眼睛，深呼吸。从脚开始放松身体的每一部分，然后逐渐上移，放松腿部、臀部、腹部、胸部、背部、手臂、颈部和头部，直到全身放松。**不要心急。慢慢放松，继续放松，越来越放松。**

2. 想象一个人（可以是你认识的人，也可以是假想的一个人）正在设定你最想设定的界限。此人轻而易举地设定了这个界限。仔细观察是什么品质让他如此轻松地完成了这个界限的设定。是因为他勇敢吗？是因为他有高度的自尊吗？是因为他强大吗？

3. 回忆一下，过去你是否曾表现过这种积极的品质？如果有，回忆当时的情况。当时你在干什么？有什么样的感受？

4. 问问自己：你是从什么时候开始认为表现出这种品质会让你不再有安全感？是什么事让你否定了这种品质？

5. 在你现在的生活中，有没有人展现出这种品质，却毫无羞愧或尴尬之意？（其实是你把这种品质投射到了这些人身上。）你羡慕他们吗？

6. 坚定地告诉自己，为了顺利设定界限，你已经决定重获这种品质。

7. 为了融合这种品质并在生活中展现出来，你必须放弃哪些信念？

8. 想象自己放弃了某种信念，并成功地将这种积极品质融入自己的性格中。再想象自己和刚才想象中的那个人一样轻松地设定了界限。有了这种品质，你设定了最想设定的界限，现在感受如何？

9. 想一件本周内就可以做的事，尝试将这种品质融入你的生活。如果你想融入的品质是"勇敢"，那么本周你可以做的哪件小事能够体现自己的勇敢？每周都做一件勇敢的小事，增强你融入和表现这种品质的能力。

借口，五花八门的借口

我们不仅要挖掘自己存在的潜在承诺和被否定的品质，更重要的是挖掘和找出那些我们为逾期未设的界限寻找的各种借口。事实上，这些借口恰恰体现了我们的潜在承诺和被否定的品质。

我们寻找的借口虽然并非光明正大，但听起来符合逻辑，明确而肯定，以至于我们都相信这些借口**绝对真实**，所以我们**不可能设定**那些需要设定的界限。然而如我们的限制性信念一样，借口都不是事实。借口也源自我们的恐惧心理。借口的逻辑性基于扭曲的世界观，因而是不可信的。借口的唯一目的就是阻止我们做一些自认为会将我们置于危险之地的事——对我们而言，"危险的事"指的就是设定界限。

我们寻找的各种借口都反映了我们对设定界限的抗拒。黛比·福特将"抗拒"定义为"一种无意识的保护性防御机制，一种程序化的反应，而不是一种有意识的选择"。出于恐惧心理，我们甚至会抗拒对我们有益的东西——为了自己的利益而设定界限。

我们找的借口五花八门："我从来没有……"，"我不知道该怎样……"。有了"我从来没有……"这个借口，我们就可以假装在这件事上没有任何选择。我们说"我从来没有"的时候，其实想表达的是"我永远不会"。当我们说"我不知道该怎样"时，其实想表达的是"我还不知道该怎么做"。不会我们可以学啊！

关键是大多数情况下，只要愿意克服抗拒心理，你就有能力设定哪怕是最让你恐惧的界限。向借口屈服是我们的主动选择。

试着把"我不能和＿＿＿＿＿设定界限"的借口改成"我抗拒和＿＿＿＿＿设定界限"。例如，把"我无法设定'要是丈夫再喝酒，我就离开'这样的界限"改为"我抗拒设定'要是我丈夫喝酒，我就离开'这样的界限"。发现第二种说法的不同了吗？第二种说法中蕴含着可能性。

如下面的例子。娜塔莉亚（Natalia）认为，只有被他人接受，她才有安全感，因而为了保证他人能够对她满意，她不惜反复跨越自己的界限。于是她经常找这样的借口："我不能告诉好朋友我不想和她一起旅行，因为这会伤害她的感情"，以及"如果我涨价，就会失去客户，我别无他法"。

人们为了避免设定界限而寻求的借口有："今天太累了，明天再说吧"，"等她压力没这么大了，我再和她谈"以及"下次她再说如此过分的话，我就和她设定界限"。

寻找借口其实是一种自我践踏行为，致使我们无法设定重要的界限。为了留在舒适区，我们总是会为我们做出的选择找各种理由。

如果是孩子，这么做还可以理解；但是对成年人来说，这样做就将我们锁定到自我毁灭的模式中。

客户们有时坚称这些障碍并不是借口，而是事实。那么，你怎么区分借口和事实呢？借口通常与未来相关，而事实与现在相关。假如你和老板关系不好，每天都要应对这种关系，这让你感到精疲力竭，你需要设定的界限就是不再为那个人工作。但事实可能是，"我没有存款，所以我不能辞职"。你的存款余额为零确实是一个事实，在没有找到下一份工作之时就莽撞辞职，确实不是什么好主意。但是，辞职并不是你现在唯一的选择。你可以一边工作，一边着手寻找另一份工作。重要的是切不可躲在事实背后，止步不前。

以下就是借口而非事实："我都这把年纪了，没人愿意雇用我，所以我肯定再也找不到工作了。"这是你基于对年龄的限制性信念而对未来进行的预测。虽然以你现在的年龄的确不好找工作，但并不意味着你一定找不到工作。寻找这样的借口就是为了能够留在舒适区——这限制了我们选择的可能性。

黛比·福特建议我们应该把生活设为一个"无借口区"。当我们想要或需要某样东西时，我们要么为没有这些东西承担责任（"再找一份工作太难了，所以我只能留在原地"），要么采取措施争取我们想要的东西（"就算没几个人愿意雇用我这个年龄的人，我也要投简历试一试"）。再发现自己为不设定界限而找借口时，务必制止自己。为了健康的身体、幸福的生活，重读本部分内容（第 4 步），开始设定自己需要的界限吧。

"要是……怎么办？"综合征

由于我们的限制性信念、潜在承诺和各种借口都是基于恐惧心理产生的，所以都不是真实的，就像我们小时候以为壁橱里藏着怪物一样。恐惧心理引发了我所说的"要是……怎么办？"综合征——致使我们受困于最坏的情况，阻碍我们设定健康的界限。

以下是常见的"要是……怎么办？"借口：

• 要是我告诉丈夫我的感受后，他决定离开我，怎么办？

• 要是我向老板请假，她因此解雇我，怎么办？

• 要是我拒绝给儿子钱，他生我的气，怎么办？

我们想象着无数"要是……怎么办？"的可能性，一连串的失望和无望，几近将我们逼疯。实际上这些让我们担心的事情大多数都不太可能发生，但我们仍将其作为借口，回避我们需要设定的界限。

⚘ 练习：盘点你的借口

通过这个练习，你将盘点自己的借口，评估借口的真实性。

1. 从界限金字塔中选出三个重要的界限，写下你没有设定界限的借口。例如：

• 借口："我不能让女儿搬出去，那样她就会流落街头。"

2. 这个借口是真的吗？你确定吗？显然在上面这个例子中，流落街头不是女儿唯一可能的结果。这只是你能想象到的最糟糕的结果。你的女儿最终会流落街头，是你的限制性信念，而不是事实。她还有其他选择，不是吗？她可以去爸爸家住；她可以和朋友一起住；她可以找一份工作，自己租房子住。就你所选择的重要界限，列出至少三种其他可能的结果——无论在你看来有多么不可能，也先写出来。

3. 现在将每一个借口重新以抗拒 / 信念的模式进行改写，并写下来。

• 改写后的借口："我抗拒告诉女儿她必须搬出去，因为我认为她最终会流落街头。"

不过现在，你还不需要着手去设立界限。找出自己有哪些借口，就是很大的进步。继续阅读本书，学习设立界限的新策略，逐步释放自己的抗拒力。

我们的潜意识中原来存在这么多障碍，难怪我们不愿设立界限。因此，要想成为"界限达人"，关键就要学会**适应不适**——这也是设立界限之旅的下一站。

谨记

挖掘出自己的潜在承诺，被你否定的品质，

以及使用的各种借口，就有可能设定健康的界限了。

适应短期不适

第 5 步

Setting Boundaries

Will Set You Free

杰西卡和妹妹凯特花了一年多的时间处理母亲的房产，主要涉及是否继续经营母亲留下的汽车旅馆。"凯特怎么说，我就怎么做，"杰西卡说，"我宁愿容忍一切也不愿和她吵架。"凯特明确表示她想经营旅馆，但是杰西卡知道妹妹没钱买断杰西卡的股份。"我在妹妹面前扮演了一个和蔼可亲的姐姐形象。"杰西卡说，"我没有告诉凯特，其实我想卖掉汽车旅馆。严格来说，我对她撒了谎，一边在她面前装出虚伪的一面，一边劝说自己：我不应该难过，为了妹妹我可以牺牲自己的利益。最近，一个亲戚给我打来电话，向我啰唆了一大堆有关妹妹经营旅馆的事，于是我下定决心给凯特写了一封电子邮件。这封邮件我一年前就想写了，在信中我告诉她要么卖掉汽车旅馆，要么把我的那部分钱给我。同时我也向她道了歉，因为是我改变了主意，这样做是我不对。但是继续为了妹妹的需要而牺牲我自己的需要，也是不对的。"

　　杰西卡一直为此感到忧心忡忡，没想到妹妹看完邮件后，就简单地回复了两个字："好的。"

　　通常情况下，我们之所以回避设立界限，是因为我们总是假想会发生最坏的情况。我们认为设立界限就等于与他人开战，相互之间的关系也会因此而结束，那样我们就是一个可怕的人——或者自私的人。我们因此直接跌入极端恐惧中，完全进入非黑即白或拥有一切或一无所有的思考模式；要么完全否定自己，要么就要面对设定界限的可怕后果。

设定界限的确会产生一定后果，但是我的许多客户，比如杰西卡，都发现实际结果其实并不像他们预期的那么极端。如杰西卡所说："我意识到把自己的需要清楚合理地表达出来（或者写出来），有时真的能成功，总是做最坏的打算不仅耗费精力，而且浪费时间。过去，在他人眼里我总是那个主动让步的人。当我下定决心争取应有的公平待遇时，我就能坚守我的界限。"

丈夫在家时，蒂娜设立了一个界限，将作为"妈妈"操心的事留给丈夫。最近，她把女儿留在家里和学校的一个朋友玩，让丈夫照顾她们。

她说："要是过去的我，就会对自己说：'孩子的这个朋友是第一次到我家里来，我不能在这个时候离开家，那样太不礼貌、太自私、太不热情了。'然而事实上，我已经太久没有对自己热情了。于是，我留下他们出了门。这对我来说是一个重要的开始，我知道我成功地设立了一个界限。说到这里，我已是热泪盈眶。我知道这不只是让丈夫照顾孩子及玩伴的小事，而是事关界限设立的大事。"

要求丈夫承担起照顾女儿的责任，会产生短期的不适。为了避免这种短期不适，蒂娜长期忍受着冷落自己的痛苦。杰西卡在没有时间也没有精力的情况下，为了帮助妹妹，长期忍受着经营汽车旅馆的痛苦。更何况，要是她把自己的股份卖出去的话，她就有钱用了。而她一直忍着没做，就是为了避免与妹妹发生冲突带来的短期不适。

无论我们做什么选择，都会产生一些不适。然而选择不设定我们需要的界限，只会无限期地延长这种不适。设定界限产生的是"结

第 5 步　适应短期不适

束不适的不适"。还有一个好处：我们还能在这一过程中增强自爱和自尊。

因此，在第 5 步中，我们要做的就是让自己**适应短期不适**。

不适的影响力

如果我们没有一味地逃避不适，生活会是什么样子？那样的话，我们恐怕早就适应了短暂的不适，因为只要一出现不适，我们就会主动应对，而不是逃避。当机立断解决所有问题，我们不会再因为压抑自己的情绪、考虑他人的感受以及害怕改变而耗尽精力。

既然结果如此理想，为什么我们还会费心竭力地逃避短期不适呢？这与人性中害怕不确定性的自然倾向有关。如果最坏的情况发生了怎么办？（这又回到前面说过的"要是……怎么办？"的问题。）我们会选择**熟悉**的不适，而非选择**陌生的**不适。我们心里清楚，虽然目前的生活很痛苦，但我们总能活下去；毕竟，我们已经坚持这么久了！如果改变，我们不确定能否在他人产生的一系列反应中幸存下来。诚然，为了保持确定性而生活在痛苦中，这的确是巨大的代价，但起码我们认为我们知道生活将如何继续。

客户朱迪（Judy）说，为了避免分手和搬走带来的短期不适，她忍受了一段长达六年多的糟糕感情。她担心男友会难过，害怕自己无法承受由此而生的内疚感；她又担心自己孤独，害怕再找不到新的恋情。然而，当她鼓起勇气结束了这段感情后，令她想不通的竟然是自己为什么拖了这么久。她的男友的确很难过，但他很快接受了现实，重新开始了自己的生活。短时间内，她确实感到了孤独，

117

但是结束这段不健康的感情后，她更加快乐了。如果当初她感到需要结束感情时就离开，那么她就能提早六年体验现在的快乐。

客户宝拉意识到，不设定界限不仅会给她本人带来问题，也会给其他人带来问题。"我遇到过这样一件事，我和几个人共同创立了一个冥想小组，其中一个创立人批准了一个不符合条件的人加入了我们小组。他承认他这么做是怕麻烦，害怕引起冲突。他承诺会让新来者离开，但没有亲自去做，而是想把这个艰巨的任务强加给我，我毫不客气地把任务推了回去。"现在每当宝拉看见他人宁可忍受长期不适也不愿选择由冲突引起的短暂痛苦时，多少有一些感同身受——因为换作是以前的她，她也会这么做。同意那个新来者加入小组会比从一开始就对他说"不"产生更多"麻烦"。她说："从这件事中，我看到了不设定界限对他人的影响。我对那个创立人表示同情，但我不会插手为他解决这个问题。"

假如你的妻子经常说你胖，你虽然感觉很不舒服，但是可能什么也不会说。毕竟，这种言语上的"虐待"，你已经容忍很久了。你之所以能够容忍，是因为这对你来说已然成了一种熟悉的痛。通过麻木自己的情感，你早已练就了对这种疼痛的忍受力。

你根本不知道如果你要求她不要评论你的腰围的话，会发生什么；因为你从来没有试过。但你会直接跌入最糟糕的恐惧中，害怕一旦对她说了你的要求，就会引起争吵，或者更糟糕的，结束你们的感情。即使这种反复的语言虐待让你经常性地感到痛苦，但是由于不确定她会有什么样的反应，你还是会强忍着咽下自己的痛苦感受。在这个过程中，你实际上剥夺了自己应得的东西：受到伴侣的尊重和善待的感觉。

我们持有的这种心态，最终让我们选择了忍受长期不适而不是挑战短期不适，选择了忍受**内在**不适而不是接受**外在**不适。我们宁愿选择一直让自己痛苦的**内在**不适，也不愿冒险挑战由冲突引发的**外在**不适。当然，无论怎么选择，我们都要面临不适——但其中只有一个选项能够一劳永逸地结束这种不适。

小的时候，如果与家人发生冲突，我们可能无法应对，毕竟我们太小了，还没有能力应对。我们小脑袋里的神经系统无法容忍存在被逐出家门或被家人抛弃的可能性，因为我们必须依赖家里的权威人物维持生活。而作为成年人，我们具有生存的能力。冲突可能会导致不适，但不会致命。承受与他人的冲突（通常是暂时的），我们所能得到的回报是一辈子的自由——一个可以过上自己理想生活的机会。

很快，我们将在本书中探索这种自由的生活是什么样的。几十年来，我就是一个为了避免冲突而一直牺牲自己利益的人。相信我——无论我们要面对什么样的不适，能够按照自己的方式生活，一切都是值得的。

主动感受设定界限带来的短期不适，
这种意愿是通往理想生活的大门。

不设定界限，就无法创造美好的生活。想都不用想，完全不可能。诚然，设定界限的确存在风险。但深究其理，我们会发现，最让我们害怕的其实是设定界限后可能会产生的一些我们不想面对的感受。我们一直受困于"不为己，只为他人"的生活模式，如果现在反道而行，我们害怕不得不面对不想面对的感受。换句话说，我们受制于自己的情绪。（你没看错，是我们自己的情绪，不是别人的情绪。对他人情绪的恐惧心理源自我们的限制性信念：如果设定界限，他人因此而产生的情绪，我们无法应对。因此，归根结底，事关我们自己，而非他人。）

有什么解决方法？这就需要我们熟悉不适的感觉——简单来说就是熟悉自己的负面情绪——我们就能判断这样的感觉是否致命。主动感受一直逃避的情绪如内疚、羞愧、悲伤的意愿越强，这些情绪对我们产生的影响就越小。越是回避，越是拖延，这些情绪对我们的影响就越大。情绪就像天气，起起伏伏，变幻无常。但不知何故，我们却坚信这些情绪十分危险，必须设法避免。

假如一位朋友让你和她一起去度假，但是度假的费用十分昂贵，你并不想参加。如果是过去的你，你一定会同意，因为如果你拒绝，可能会伤害朋友的感情，让你产生短期的内在不适，或因此引发争吵，给你带来外在不适。为了避免这一切，你选择违心同意，然而你根本负担不起度假的费用，因此你的内心深处会对朋友产生怨恨。

但当你逐步成为"界限达人"之后，你会对她说："这个主意听着很不错啊，你去吧！但我不想去。"即使朋友继续劝说你，你依然会坚持自己的立场，对她说："我对度假不感兴趣，不要再提了。不如我们商量一个我们俩都喜欢的计划吧。"

对于一个习惯取悦他人的人来说，朋友如此热情地邀请一同度假，冷面拒绝固然会引起内心的不安；然而，一旦明确表达了自己的感受，这种不安很快就会结束。事实证明，你认为"设立界限就会破坏关系"的恐惧是毫无根据的，任何由此而生的内疚或羞愧很快就会消失。然而，怨恨却不会消失。你可以藏起怨恨，但可以肯定的是，怨恨不会自然消失。从我客户的经历来看，感情中最大的定时炸弹就是那些从未说出口、未经消化的怨恨。这是一段关系中最常见的楔子，导致夫妻感情淡漠，友谊结束。

虽然你的朋友可能会因为你不想和她一起度假而感到失望，但是如果你跨越自己的界限，心生怨恨，时间久了，你们之间的友谊一定会结束。面对现实吧——如果你的朋友不能尊重你不陪她度假的决定，那么你就需要重新认识你们之间的友谊了。

为了消灭内心短期不安这条恶龙，我们必须具备主动感受自己情绪的意愿。不再回避自己的情绪，不再忽视自己的情绪。感受自己的情绪，才能获得真正的自由。想要这种自由，就要弄清楚我们是谁，我们有什么样的感受，我们想要什么，我们需要什么。

接受冲突

想要自由，就要学会"缓和冲突"。我在《允许把自己放在首位》一书中全面阐述了这方面内容。我说过，在人际关系中，长期的怨恨比短期的冲突伤害性更大。但是，由于我们从小接受的教育就是要不惜一切代价维系和谐的关系，因此哪怕是小小的冲突，我们都会避之若浼。事实上，我们认为只要出现冲突，关系就出了问题。

然而，自始至终地保持关系的和谐是不现实的。无论我们如何努力，人与人之间的冲突都在所难免。逃避冲突的时间越长，人与人之间的怨恨就越深。我的客户玛格丽特（Margaret）为了避免短期不适，迟迟没有和丈夫谈论自己的情感需求和内心需求。她害怕丈夫不会理解，也怕他不高兴，因而一直拖着没和他谈论此事。结果，她发现他们之间的感情越来越淡漠，几乎危在旦夕。

我们不应将冲突视为危险，而应视之为促进我们成长的机会。**分歧并不一定是问题，分歧也有积极的作用。**有时分歧反而是一种契机，使人与人之间的关系更美好、更完整。冲突无关乎"输赢"或"对错"。我们为什么不能做到"和而不同"？始终谨记，感情比共识更重要。

虽然我们不能保证生活中的每个人都能看到冲突的积极方面，但是为了消除他人的恐惧，我们就要忍受长期不适，这样的代价太过巨大。我们承受冲突的能力越强，将其视为健康关系的一部分而非缺陷，我们设定界限的能力就越强，也能够以健康的方式维持关系。

不惜一切代价换来的表面和谐必然导致我们内心的不和谐。若要达到内心和谐，就需要我们设定界限。即使没有外在冲突时，我们也会经常应对内在冲突。内在冲突与外在冲突的关系就像内在不适与外在不适的关系。

客户伊莱恩说："正是由于对冲突的恐惧，每当想要设立界限时，我总会找到各种借口退缩。我自以为这样做是出于对他人的同情和理解，却忘了同情和理解自己。"

"界限达人"，从本质上说就是不再为了避免短期不适而忍受长期不适——没有回旋余地。只有你意识到自己有需要或需求时，才有可能设立界限。那时的你不仅能够预见到短期不适，也知道这

种不适不会致命；你永远不会再选择忍受长期不适。本书中阐述的
设立界限的整个过程，就是我以最真实的方式鼓励你：勇敢面对冲
突带来的不安，证明你不会被短期不适所打倒。

练习：你试图在哪些关系中避免冲突？

在这个练习中，你将探索自己在哪些关系中存在避免冲突
的想法。将答案写在笔记本上或记录在电子设备上。

1.列出你在生活中努力维持和谐的每一段关系。

2.思考为了维护每一段关系，你不得不忽视的界限，并写
下来。

·示例：我一直努力地维系着与丈夫的哥哥之间的和谐关
系。他每次给我打电话，都说一些有关他性生活方面的事，我
不得不跨越自己的界限强忍着听完。

3.跨越自己的界限，你有什么样的感受？由于没有设定界
限，你长期以来忍受了哪些不适？

·示例：我讨厌和丈夫的哥哥说话，他根本不知道我有什
么样的感受。无法告诉他我的感受，我感到很不舒服；然而听
他说他的性生活，我也浑身不舒服。家庭聚会时，我要强忍着
这种不适；对丈夫隐瞒自己的感受，也让我感到不适。

4.通过这个练习，如果你发现了需要设立的新界限，请将
其添加到界限金字塔相应的层级中。

走出舒适区

我们的大脑会根据我们过往的经历，创建出一个舒适区。每经历一次创伤，我们都会铭记在心（通常是无意识的），避免再次经历同样的创伤。所以我们在心里的这片区域立起了一堵堵高墙，形成我们的舒适区。我们蜷缩在舒适区中，不敢越高墙一步。因为我们知道，越过舒适区，就会再次经历以前经历过的创伤。然而，由于这个舒适区是基于过去的经历创建而成的，因此与我们当前的现实毫无关系。通常，我们在小时候就创建了这个舒适区，自此从未走出去过。即使成年后我们变得强大了，有能力承受设立界限带来的挑战，也仍不敢轻易走出舒适区。

实际上，大多数人的舒适区比想象中的宽广得多。我们其实有能力忍受很多短期不适——只要我们牢记，忍受了短期不适，就能结束长期不适。

有一句谚语："走出舒适区，才能拥有生活。"下次当你不敢向新的方向迈出那勇敢的一步时，尤其是当你想要设立那些你害怕别人会惊讶或不安的界限时，就想一想这句话。留在舒适区也有其好处，但需要付出的代价就是牺牲自己的活力。如果你小的时候害怕与人发生冲突，那么成人后，试着改变一下。如果习惯"给予"模式的你，对寻求他人的帮助感到难以启齿，先试着向爱你的和支持你的人提出一个小小的请求。这些小举措有助于你体验舒适区之外的生活——很可能将你的舒适区进一步扩大。

可怕的后果

我目睹了我的客户成功地设定了迟迟不敢设定的新界限，但是如果说他们从未经历过任何预期的可怕后果，那也不现实。设立界限有时的确会引发令人痛苦的实际后果。有时不得不结束某些关系，有时不可避免地会与他人发生冲突。对于你设立的界限，对方可能会支持、尊重、同意或认可，但也可能采取完全相反的态度。

但是别忘了，不设定界限也会产生实际后果。无论何种情况，只有你自己才能评判哪种后果更严重。你只需记住，选择权在你自己手中，你的首要任务由你决定。无论哪种情况，请问问自己：**我的首要任务是什么？为了完成这个首要任务，我是否需要设定一个界限？**（如果你发现避免冲突仍然是首要任务，那么请返回并重新阅读第 1 步到第 3 步。）

如果你认为设定界限就会失去某种亲密关系，那么你必须问问自己，对自己而言什么是最重要的。你愿意为之付出哪些代价，或不愿付出哪些代价？为了保住这段关系，你愿意忍受什么？是维持关系重要，还是维系自己的界限重要？答案只有你自己知道。

客户佐伊和家人最终断绝了与婆婆的关系。"考虑到她年事已高，我们一直容忍着她的苛刻和挑剔，但我的内心却积累了大量怨恨和愤怒。最后，我们告诉她，为了不让女儿受到她的影响，我们打算不再与她来往。而她却指责我们溺爱女儿（当时她只有三岁），并立即暴露出惯常的刻薄，对我们的生活指手画脚。她的行为对我们来说已然成为一种沉重的负担，于是我们不再维系与她的关系。我的人生信条向来都是'事事以他人为先'，显然我现在的做法与我的信条相悖，但却是对我的家庭来说最有益的决定。"

多年来，我的朋友卡拉（Carla）在父亲面前一直小心翼翼，生怕一不小心就激怒了他。连续两个圣诞节，她去看望父母时，都不得不忍受父亲的怒火。过去，她觉得自己必须去看望父亲，因为一年中她也只有过节才能见他们一面。终于，她实在忍无可忍，给父亲写了一封信，告诉他自己的感受，并清楚表明次年圣诞节不回去了。

显然，这封信惹得她父亲大发雷霆。母亲知道后，立即给卡拉打电话，恳求女儿向父亲道歉。"妈妈，"卡拉说，"我愿意为你做任何事，但应该道歉的人是他。让我向他道歉就是违背我自己的内心，这件事恕我做不到。我爱你，但是我只是对父亲说出了我的真实感受，考虑了自己的需要，这并没有错。"

设定这个界限对卡拉来说是痛苦的。她既希望母亲不用忍受父亲的愤怒，也希望能够和父母一起过节。但她有权先照顾好自己的情绪，满足自己之所需。为了自己的幸福，她只得不计后果，告诉父亲自己的感受。长期以来，她总是压抑着自己的感受，被迫遵从父亲无理的要求。与之相比，设定界限所经受的痛苦只是短暂的。客户鲍勃说："与满足他人相比，忠于自己更能给人带来慰藉感。"

劳拉的叔叔和婶婶在劳拉家旁边买了一幢房子，两家成了邻居，但却给劳拉带来了许多麻烦。叔叔和婶婶不顾劳拉的劝阻，坚持买了几匹马，并且想当然地认为劳拉一家会帮忙照顾。虽然婶婶也给她们支付了一些养马钱，但是她们的付出远远大于这点回报。此后，她的婶婶不断变本加厉地对她们提出更多要求。

"每次我答应她的要求时，心里都五味杂陈，感觉自己被深深困在其中，难以自拔，导致心情压抑，晚上失眠。我们甚至考虑搬家，但最终打消了这一念头。"劳拉说。

当劳拉对婶婶的安排提出抗议时，婶婶竟然威胁说，如果不干，就要进行经济赔偿。"我花了整整四年的时间，才成功与他们设立界限。"劳拉说，"我告诉他们爱怎么处理就怎么处理，大不了起诉我们，但我们一定会反诉。最终他们也没有起诉我们。这是我一生中做过的最艰难的一件事，也是让我感到自己最为强大的一件事。虽然现在我们不再与他们联系了，但设立这一界限绝对值得。"

有些界限在设立的过程中，无论你如何处理，都会产生爆炸性后果。但是一旦你成功地设立了这些界限，你又会惊讶于相互关系中所发生的积极变化。如果你能呈现自己真实的一面，改变过去应对人际关系的方式，也会为他人树立榜样。

坎迪丝就做到了这一点。她和妹妹设立界限后，承担了一些后果。"我明确告诉她，我不想再听她的抱怨，也不会再借钱给她。"坎迪丝说，"以前我的左肩总有一种神经压迫的疼痛感，自从我和妹妹设立界限后，这种疼痛感开始缓解。妹妹倒是尊重我设立界限的决定，但却把我从她的脸书（Facebook）上删除了。"她们连续几个月互不联系，但后来，妹妹向她表达了和解的愿望。最终坎迪丝不仅维系了和妹妹之间的界限，而且关系更加融洽了。

不可否认，设立界限，特别是与所爱之人设立重要界限时，我们都会感到恐惧。因此，在后面的练习中，我会让你把你最害怕的后果"夸大化"。如果设定一个最重要的界限，你会为此付出怎样可怕、恐怖、惨不忍睹的代价？这听起来不像什么有趣的练习，但是当你知道了最坏的结果，就像在床下点亮一盏灯，让你看清自己一直害怕的怪物是什么。只有当你正视自己的恐惧，才能做出明智的决定。

我发现，客户每到这一步时，都肯定设立界限后会有可怕的事发生，但让他们寻找真正害怕的究竟是什么时，他们只能含糊其辞地说是一种"非常非常可怕"的感觉。这是因为，如我之前所说，最可怕的恐惧往往是在童年时形成的，那时的我们根本不知道如何用语言形容这种恐惧，只能含糊地知道是一种恐惧的感觉——一种非常非常可怕的感觉。但是如果我们用成年人的视角正视这些恐惧，会发现对于童年时形成的恐惧感，我们是可以忍受的。此外，根据我的经验，人们所担心的最坏情况通常很少发生。

客户蕾妮最害怕在社交媒体上遭到诽谤和曝光。"我想和前女友断绝联系，但这是我最害怕设立的界限。我害怕她会在脸书上诋毁我、诽谤我，我害怕她愤怒的样子，我也害怕失去这份友谊，我害怕被拒绝的感觉。是我把我的狗、我自己和孩子带进了她的生活，现在如果狠心全部拿走，我会觉得自己是一个极其恶劣的人。"

我能深切体会蕾妮的感受。长久以来，我最大的恐惧也是害怕别人在社交媒体上曝光我的生活。我的前夫看完我的日记后，威胁要把日记内容发给我生命中所有重要的人，这触动了我内心中最大的恐惧。虽然最终他没有这么做，但确实在脸书上诋毁过我。如果我说我对此无所谓，那是假的，但显然我还活得好好的。现在这一切都结束了，也没有酿成严重后果，因为我生命中真正爱我的人不可能轻信他的话。尽管他在社交平台上诋毁过我，但我现在还是成了一名成功的心理导师兼作家。我知道这种曝光行为有时会产生爆炸性后果，所以我不能对其潜在影响轻描淡写。但是，越是害怕发生的事情，我们越应理性看待，并采取相应措施。我们害怕的事真的会发生吗？

　　现在我们做一个练习，选一两个你最害怕设立的界限，将其后果"夸大化"，看看你能有什么发现。

练习：创建"可怕后果清单"（DLC）

　　回顾你的界限金字塔，从中选出一两个你认为绝对不可能设置的界限，然后，按以下步骤完成练习。将答案写在笔记本上或记录在电子设备上。

　　1.写下你认为最不可能设立的界限，并列出阻碍你设立界限的所有原因。

　　2.如果设立了这个界限，你肯定会发生什么可怕的结果，把能想到的全部写下来。对你而言，最糟糕的"要是……怎么办？"情况是什么？

　　3.设立这个界限，最难应对的人是谁？

　　4.如果设立了这个界限，你会成为一个怎样可怕的人？你会变得残忍、自私、不可理喻、冷漠无情？将你所害怕的情况都写下来。

　　5.现在，我们换个角度思考这个问题。设立这一界限对你而言有什么好处？成功设立这一界限后，你的生活会有什么样的改善？

　　6.想出一个真正爱你的人，支持你设立这个界限的人。（如果没有，就想想我吧！）想象这个人会一直鼓励你、支持你，列出至少四个你认为需要设立这个界限的具体原因。如：

• 每个人都有权像关心他人一样关心自己，其中就包括你自己！

• 你同样值得拥有舒适的生活、自爱和自尊！

• 你无须为了他人而否定自己的需求和愿望！

别担心——我不会立即要求你着手设定这些最困难的界限。不过，我认为你已经做好了准备，能够朝这个方面努力了：想象自己一旦成了"界限达人"，生活会发生怎样的变化——再想一想（颤抖中）如果你没有阅读本书，没有设立界限，生活又是什么样的。两种情况都值得深思。一探究竟吧！

谨记

主动感受设立界限带来的短期不适，

这种意愿是通往理想生活的大门。

展望未来

第 6 步

Setting Boundaries

Will Set You Free

"我的丈夫出轨了。我们谈完后，他说他会为了儿子留在我身边。"宝拉说，"我说我不接受。和我在一起生活的人一定是**真正愿意和我在一起的人**。"宝拉心里很清楚，如果她继续维系这段没有爱情的婚姻，她的未来一定是暗淡的，因此她鼓起勇气设立界限，不再维持这段婚姻。

　　毋庸置疑，宝拉的选择产生了一系列后果。她回忆道："我因此成了单身妈妈，收入减少了，不得不搬到一个简陋的房子里。"但是结束婚姻的好处最终超过了她所承担的后果。"但是自此我没有了精神负担，在婚姻中迷失自我后，我又重新找回了自己，生活因此有了乐趣。周末儿子和爸爸在一起时，我还能有一些属于自己的空闲时间。"

　　宝拉甚至都能想象，待到她完成"界限达人"之旅后，她的生活将会更自由、更多彩，思想羁绊也会更少。她说："我可以不用考虑他人的意见，自由自在地做自己想做的事。我不再受到责任感的羁绊。只要我感觉不舒服的事，我会立即说出来，而不会等到忍无可忍。有了情绪我会立即释放，而不会任其淤积。"

　　阅读了本书中关于如何设立界限的 10 个步骤之后，杰西卡意识到了一件有趣的事情：以前和别人去餐馆吃饭时，她总是会先问对方想吃什么，然后自己点同样的菜，她认为这样别人才会高兴，才会更喜欢她。"不考虑他人的意见或感受，也就意味着无须取悦他人。"杰西卡说，"这对我来说将是一个重大而美好的转变。如果我设定了界限，我可能会更加了解自己，知道自己喜欢什么，也能赢得他人的更多尊重，结交积极乐观的人，生活更加幸福，从而彻底改变我的生活现状。"

通常情况下，我们很容易忽视设立界限的积极方面。首先，我们惧怕最坏的情况发生，因此也只能想到最坏的可能性。其次，积极的结果对我们来说往往是陌生的，因此难以想象。我就是一个典型的例子。尽管我的婚姻一团糟，但我还是多次试图挽回，无果后才下定决心结束婚姻。当时的我根本想象不到，结束这段婚姻后，我的生活能变得如此幸福和自由。当时的我，想到的只有结束婚姻后的可怕，而想不到结束婚姻后的美好。

几年前，我和闺蜜凯莉一起去徒步。她让我抛开现有情况的制约，让我想象所有的可能性——她甚至让我想象，如果这样继续下去，五年后我的生活会是什么样。随着我说出的可能性越多，我越感到压抑、难过、伤心。我都不知道自己为何如此触动；这不过是个幼稚的练习而已！但是当时的我，除了现有的生活，根本想象不出更美好的生活。

回首往事，真希望当时能有机会窥视一眼我现在的生活。我现在的幸福生活与过去的痛苦生活相比，存在天壤之别。我并不是说现在的生活中就没有烦恼和挫折，但至少我过着我想要的生活。现在我有热爱的事业，真实且充满活力的感情，选择的自由，而这一切都是我以前从未有过的。我现在不太在意别人对我的看法，学会了把自己放在第一位。正是这一思想，让我的生活发生了巨大变化。

虽然想象未来的生活很难（就我个人的经历而言，可能很容易触发你的情绪），但是这一步至关重要。能够窥视未来的生活，哪怕只有一点点，都有助于我们鼓起勇气设定我们最需要设定的界限。如果我们能够想象出新生活的样子，就有可能采取必要的行动实现我们的理想。有了愿景，我们就有信心和勇气，为自己做出更好的选择。

不过，我需要澄清几点。首先，想象未来，并不是要求你拿出胶棒，从几本杂志上剪些图片，设计自己的愿景板。当然如果你喜欢这样做也未尝不可。我已经有二十多年没有创建过自己的愿景板了。（我承认，作为海氏书屋的一名作家，这确实有点不可思议！）我不喜欢不着边际的幻想，也不相信吸引力法则①。我不相信光靠这些就能改变一切。在我看来，实现理想的生活需要采取积极的行动。首先需要采取的行动就是改变根深蒂固的限制性信念，即"设定界限是危险行为，不可能实现"的信念。

回顾过去，我经历了离婚，向家人、朋友和同事展示真实自我的过程；我也能想象如果没有和丈夫分手，我的生活又会是什么样子。无疑，我仍会和他生活在一起，深埋那些我认为不为他人所接受的自我部分。那样的话，我永远也不可能成为一名心理导师，恐怕连一本书都写不出来，更不要说几本了。我也不可能参加海氏书屋每周举办的广播节目，也没有机会帮助这么多人改善他们的生活质量。一想到这一切有可能不曾发生，我的整个心如针扎一般难受。

当然，设定界限并不代表一定要结束一段关系——那只是我个

---

① 指思想集中在某一领域的时候，跟这个领域相关的人、事、物就会被吸引而来。——译者注

人的情况。但是，在你准备设定某些界限时，的确需要考虑设定界限的结果，积极的方面和消极的方面都要考虑。这样你就可以做出明智的选择，要么设定界限，要么不设定界限——不管哪种结果，都是你基于勇气而不是恐惧做出的决定。

因此，在第 6 步中，你将展望未来，想象两种情况下未来的生活：假如设立界限的后果让你感到太痛苦，在无法设立界限的情况下，想象你的未来将会如何；如果你认为设立界限的时机已经成熟，在不管结果如何你都会设立界限的情况下，想象你的未来将会如何。需要说明的一点是，这两种情况都有可能发生。特别是设立界限金字塔中"最好拥有式"这一层的某个界限时，如果后果的严重性超过了你的预设，那么你最有可能选择的就是不设立界限。

例如，假设你和伴侣度假的喜好不同。你不喜欢去海滩，但你的丈夫非常喜欢在海边的小木屋里度假。你想设定一个界限：不去海滩度假。但这会给你的丈夫带来很大影响，他在海边长大，每年至少需要去海边一次，"重温"儿时的感觉。难道仅仅因为你不喜欢去海滩度假这点小事，就让他放弃因海滩而拥有的所有美好，影响你们的感情吗？可能不至于。而这也是合情合理的选择。

这一步中——展望未来——涉及的练习比较多，如果你愿意配合，我保证这将是整个过程中最有启发意义的一步。

界限与愿望

展望未来之前，我们先谈一谈愿望。界限与愿望密切相关。只有弄清楚了我们想要什么——特别是没有得到满足的愿望——我们才能知道需要设定什么样的界限。不夸张地说，如果我们想获得更多想要的东西，设定界限是通往这条道路最有效的途径。

"基于生活所需创造理想生活"这一理念乍一听似乎有些令人费解。通常情况下，对于得不到的东西，大多数人都会抱怨命运不公，或怪罪于他人。我们想象着他人应该设法让我们快乐。当生活让我们感到失望时，我们既不会承担责任也不会责备自己。然而，我们没有发现，我们之所以没有得到想要的东西，最主要的原因是我们没有去争取——从很大程度上说，就是没有设立界限。

我并不是主张你去责怪自己，我也承认世界上的各类群体所具备的优劣势各不相同。诚然，想要创造理想的生活，有些人所要付出的努力要比其他人更艰辛。因此，我们为之奋斗一生的伟大事业之一就是为了全人类，不论种族、性别、性取向或宗教信仰，都能拥有一个平等的竞争环境。

不过，即使作为受压迫群体的一员，也并不意味着我们不能主宰自己的生活。既然你选择了阅读本书，就说明你已经做好准备，愿意为自己的选择承担责任。虽然我们还需要继续努力才能全面结束系统性种族主义和性别歧视，但无论什么情况，只要我们对自己的生活负责，就会产生积极的变化。

我见证了各种背景的人们通过努力改善自己的生活，我希望你也能对自己有信心，相信自己具有改善生活的能力。他们的生活之所以发生了改变，是因为他们不但相信改变具有可能性，而且采取了果断的行动。

不过，若要改变，首先需要弄清楚我们想要什么。很多人根本不知道自己需要什么。多年来，为了顾及他人，我们早已习惯将自己的愿望放置一边，以至于根本不知道自己想要什么。

客户加布里埃尔开始思考自己的需要时，发现自己想要改变目前的经济状况。具体来说，她想改一改之前和孩子们关于金钱方面的约定。

"比如，"她说，"我和儿子共同贷款给他买了一辆车。他总是迟迟不还贷款，我帮他还了两次后，告诉他我不能再帮他还款了。虽然我主动设立了界限，但是儿子每个月还是未能按时还款，结果使我的信用受损。"

加布里埃尔想要怎么做？"我希望儿子能承担起还款的责任，主动按时还款。总的来说，我希望自己能存点钱去旅行。"她说，"我还想换个工作，现在的这份工作快把我吞噬了。因此，我需要想象如果我有更多的金钱和自由，生活会是什么样，并为此设定界限。"

如果你发现生活中还有你欲得但没有得到的东西，设立界限有可能帮你获得。客户梅根（Megan）回忆道："我感觉我这一生中的大部分需求都没有得到满足。最近我才发现原来我一直生活在'别人让我干什么，我就干什么'的模式中。过去我没有界限意识，而现在我认为一切都和界限有关。我没有经济独立性，也没有自己的事业。我的经济状况完全由我和丈夫所建共同账户里的存款决定——这些钱多数用于丈夫的应酬，而不是我的生活所需。我的生活之所以会成为这样，部分原因是我没有意识到我父母的世界观对我的影响程度，他们将他们对家庭的观念、对女性角色的认识以及他们的宗教信仰、政治立场，无一例外地强加在我身上。我的婚姻中虽然也有很多美好的时光，但是最根本的问题在于我的丈夫以及他的父母不懂得尊重我。我只能被动地接受一切，没有自信也没有自尊，从未设定过界限，也不相信自己能够维系界限，能够靠自己生存。"像这样的生活，她还能坚持多久？她离患上严重抑郁或身体抱恙还有多久？

这一步，杰西卡开始思考自己想要实现什么，她说："我希望我的生活更加充实、更有活力；我希望对自己的生活能有话语权，我希望和珍惜我、珍视我及尊重我的人一起生活。因此，我需要对别人强加给我的义务，我自己的惰性、懒散、恐惧以及他人对我的不公待遇说'不'。"

不过在确定需要设立的界限之前，杰西卡还需要进一步挖掘自己的需求。这也是你接下来要做的事！你想象中的生活，充满了你喜爱和想要的东西……不想要的东西越来越少，这必定能给予你设定界限的勇气。

一旦我们能够想象到美好的生活，设立界限就水到渠成了。突然间，曾经我们用自己的幸福换取别人幸福的情况就会显得突兀。以前内心中低声的怨恨开始咆哮。我们一刻也不想再当别人的受气包了。同时，你可以通过有意识的、积极主动的方式想象自己的生活所需，做好充分的准备。下一个练习就能帮助你做好准备。

☾ 练习：愿望清单

通过这个练习，你将探索自己对生活的愿望。你希望什么能再多一点，什么能再少一点？然后，评估你至今都还没有实现的愿望，是否是因为哪个界限还未设立。请将答案写在笔记本上或记录在电子设备上。

1. 列出你想在生活中增加或需要的内容。列出5到10个愿望，物质的、非物质的都可以。这些愿望可大可小，但必须具体。如果你的愿望是需要更多的钱，请写明具体金额。如果你的愿望是去旅行，请写明你想去哪里旅行，每年旅行多少次。如果你的愿望是改善某些关系，请写下你希望从这些关系中获得什么样的感受。如果你的愿望是拥有更多自己的时间，请写出具体的时长和你想做的事。

2. 列出你想从生活中减少或释放的内容。同样列出 5 到 10 条，物质的和非物质的都可以，但要具体。如果你想减少和姻亲相处的时间，请写下你的愿景（例如，我不想和他们一起去度假，但是可以在假期看望他们）。如果你想减少加班时间，那么你能够接受的加班时长上限是多少？如果你想减少与孩子之间的冲突，请写明你想避免哪些类型的冲突，以及你希望和孩子之间保持怎样的关系。

3. 回顾两份清单上的每一项内容，自问：为了得到更多我想要的和 / 或减少我不想要的，我应该设立什么界限？在每一项的旁边写下需要设立的界限。

4. 如果在此练习中你发现了需要设立的新界限，请添加到界限金字塔相应的位置中——"锦上添花式"界限，"最好拥有式"界限，或是"底线式"界限。

另一种可能

我不知见过多少次，客户将注意力放在设立界限会产生的后果之上，而不是成功设立界限后能给自己带来多少机遇之上。我们害怕改变，害怕不确定性。预见危险是人之本性，以期能够完全避免危险。这就是为什么在前面的练习中，我们改变思维方式，将注意力放在设立界限的积极方面。不过，思考不做任何改变会带来什么结果，也同样重要。

在你决定坚持做出改变之前，我希望你对各种情况都有充分的了解。因此，设立界限这一过程的下一步，就是想象：**如果不设立界限，生活会如何**？如果你决定不改变现状，那么 3 年、5 年或 10 年后，你的生活会是什么样？

为了避免你沉迷于幻想，相信一切会自动改变，会自动变得更好，我要先将你拉回现实。憧憬着在不需要采取任何实际行动，或者采取的行动多年来都不成功的情况下，一切能够自动好转，这无异于天方夜谭般的美好愿景。我们祈祷"她"会自动改变，祈祷"他"有朝一日能自动醒悟，意识到自己的愚蠢。我不想成为那个打破你美梦的人，但现实是这种奇迹般的改变根本不可能发生——即使真的发生过，也是屈指可数。不作为最有可能的结果就是维持现状，而不可能改善现状。现在给你带来挫败感或者伤害你的人或事，以后会继续给你带来挫败感和伤害。可悲的是，大部分情况下，我们的不满情绪会随之不断升级——从挫败到愤怒，再到爆发。对于老板的指责，你还能忍受多少年？你时时处处把朋友的需求放在第一位，这样的病态互依症你需要保持多久才不至于发怒或抑郁或生病？

我的朋友玛蒂（Maddie），还很年轻，但她下定决心与控制欲极强的母亲和患有精神病的父亲设立界限，准备从南方搬到纽约。她了解自己的父母，也能够预计到他们得知她搬家的消息后，会有什么样的反应，因此有了一定的心理准备。她拿到机票后，先在别的地方找了一个住处，然后才把搬家的消息告诉父母。

如她所料，父母非常生气，试图改变她的主意，但玛蒂意志坚定。那时的她以为自己想去纽约是为了追求自己的演员梦。然而，多年后，她才意识到搬走是为了生存。如果当时她选择留下来，就不可能过上自己想要的生活。她甚至怀疑，要是当时继续留在父母身边，她能否活到现在。摆脱父母的控制，远离他们的情绪毒害，是她所做的最明智的决定，她勇敢地设定了一个重要界限："我的生活我主宰，我有权决定在哪里生活。"

现在轮到你了。如果你列在界限金字塔上的界限一个也实现不了，你的未来会是什么样子？在上一个练习中，你写了哪些无法实现的愿望？你还需要在生活中继续忍受哪些你不喜欢的事？

让你想象由于没有设立迫切所需的界限，你的未来会是什么样，这确实不是一件愉快的事，但这也正是这一练习的目的所在。如果不考虑真正利害攸关的情况，那么你很容易走上那条轻松易行的道路，回到旧的生活模式中，安慰自己不设立这些界限，你也能活。在这一步结尾时，试着创建未来的愿景，有助于你想象最美好的未来。所以，鼓起勇气，深呼吸，让我们诚实以待，看看维持现状，你的未来会是什么样子。

练习：选择不设界限

做这个练习前，请闭上双眼，开始冥想。想象如果没有设立你想设立的界限，你的生活会是什么样。写下你想象的结果，之后如果你再因恐惧拒绝不设界限时，可以拿出来回顾一遍。在这一步结尾时，你将想象设立界限的积极方面，但本练习可作为一种警示，鼓舞你的士气，增强你设定所需界限的决心。

　　开始前，一定要关掉所有通信设备，全身心地投入冥想中。穿上宽松的衣服，坐在舒适的椅子或沙发上。如果愿意，还可以播放一些轻音乐或点上蜡烛。你可以用自己的声音读出并录下冥想的步骤，这样你就不必睁开眼睛，扰乱冥想状态。

　　对于练习的第 2 部分，需要准备好你的笔记本或电子设备。

第 1 部分：冥想没有界限的未来

　　1. 闭上眼睛，深呼吸。从脚开始放松身体的每一部分，然后逐渐上移，放松腿部、臀部、腹部、胸部、背部、手臂、颈部和头部，直到全身放松。**不要心急。慢慢放松，继续放松，越来越放松。**

　　2. 一切准备就绪后，继续闭上双眼，想象着自己正在现在生活的家里。只不过是五年后的未来。闻一闻家里的气味，听一听周围的声音，呼吸一下家里的空气。你正在纠结一个重要的界限问题——也许是一个持续多年仍未解决的问题。**可能是因为有人不断贬低你，抑或是有人让你毫无理由地承担了不属于自己的责任。**想象你还没有就这个问题设立界限，因此生活也没有任何改观——问题反而升级了。充分想象，将自己置身其中。

　　3. 现在，将时间快进五年，也就是十年后。想象一下：整整十年里，你的界限一直受人侵犯，你的生活会是什么样的？你有什么样的感受？你的情绪处于什么状态？你的身体健康状况如何？过去十年中，这对你的生活造成了什么影响？不要着急，给自己足够的时间，想象生动的画面。

4. 从界限金字塔中选一个次重要的界限。想象自己与设立这个界限有关的人在一起。想象十年后的今天，这期间你从未成功设定这一界限。这个问题就这样又持续了十年，你有怎样的感受？在过去的十年里，这个问题对你的情绪和身体造成了什么影响？我知道这种思考方式可能会让你感到不舒服，甚至痛苦，所以冥想的时间不要太长。只要能够感受到长期不设立目前让你感到痛苦的界限，你的生活是什么样的就可以了。

5. 感受的时间足够后，试着扭动自己的脚趾和手指，轻轻转动脖子，逐步恢复清醒。深呼吸，慢慢睁开眼睛。

第2部分：写下你想象的结果

1. 你已经感受到了，如果不设立最重要的界限，自己未来的生活情况，下面把你在冥想过程中想象的情况记录下来吧。

2. 请注意，认真写下想象中的情绪状况，如果没有设立界限导致身体抱恙，也将具体情况写下来。

3. 保存好这些笔记。以后每当你想设立一个有难度的界限，但又想退缩时，就把笔记拿出来看一看。这些笔记将帮助你说服自己勇敢设立界限，而不会基于对后果的恐惧选择退缩。你要时刻提醒自己，不设立界限也会产生后果。

> 请记住，是否设立界限，始终是你个人的选择。无论做出哪种选择，你都必须承受相应后果。不过也不要低估自己应对的能力。

想象美好的未来

如果未能设定想要设定的界限，你已经看到了未来可能发生的情况，不容乐观，对吧？奇怪的是，让我们想象设定界限能够如何改善我们的未来，也没那么容易。我们的病态互依症——过度给予、优先考虑他人、不惜一切代价避免冲突的模式——在我们的思想中根深蒂固。想象一下，如果我们的生活中没有这些安全机制，即使新的愿景能让我们更快乐、更充实，也会带来不和谐与痛苦的体验。因此，如果你发现自己在想象美好、快乐的未来时，感受到了比上一个练习中更大的阻力，无须感到惊讶。这完全正常，也是意料之中的情况。

也就是说，只有全面想象到了我们所期的未来，才能采取适当的行动，把握自己的未来，并清楚地认识到短期的不适是为长期变化所付出的小代价而已。

客户莎伦想象着自己在未来设立了健康且牢固的界限，立刻感受到了无限自由和快乐。"我无须太在意他人的反应。我只需要考虑，**今天我想要什么？** 然后采取行动实现自己的目标。我将专注于自己以及自己的需求，获得渴望已久的自由和幸福。"

伊莱恩想象着未来的生活充满了"活力、时间、快乐、轻松和自由"。"曾经让我备感痛苦的地方，现在所有的担心和焦虑都消失了。"她说，"我的创造力无限爆发，因为无须再担心别人或我本人如何看待自己。我想什么就会去做什么。我把自己放在第一位，并坚信这不是自私的行为。我要爱自己和尊重自己，让自己闪闪发光！我会在日常生活中设立界限。我会坚持自己的界限，不再免费为客户服务。"

坎迪丝简单地描述了想象中成为"界限达人"的她所期望的生活："我的生活和我的生活方式别具一格，独具特色。"

瓦莱丽说："我会放下心里的芥蒂，坦然面对我自己。如果设立界限给他人带来了影响，我深表同情，但是我知道这样做没有错。我想象着能够平静、真诚并且坚定地说出我的真实内心，因为我要忠于自己。怎么想就怎么说，怎么说就怎么做。自己主宰自己的生活，我能感受到自己的能力和力量，尽管在这一过程中我可能会犯下不少'错误'，但我会不断改正。我的生活**我做主**。"

如果我们敢于提出自己的需求并优先考虑自己的愿望，等待我们的将是无限的、积极的可能性。我们甚至可能创造一种全新的生活——就像我或我的那个朋友一样，她最终摆脱了父母的控制，在纽约找到了她所热爱的生活。

还有我的客户佐伊，她终于鼓起勇气，于1998年结束了第一段婚姻。"我记得当时走出家门时，前夫对我说：'你会后悔的；没有我，看你怎么活？'现在想到这句话，我就觉得滑稽可笑。但其实当时的我心里想：'我不知道以后会怎样……但我知道我无法再继续和他生活了。'这是我有生以来，第一次为自己考虑。我花了很长时间才走出离婚的阴霾，但那是我所做过的最明智的决定。"后来，她嫁给了一个善良有爱的男人，生了一个美丽的女儿。刚离婚时，她还看不到新生活的美好，但相信一定会比过去拥有的生活幸福。

再次强调，设立界限并不一定要采取像我和佐伊这样的重大行动。但设立界限确实需要有信心，相信一切皆有可能；还需要相信设立界限后可能产生的潜在的美好结果，只是当下还无法感受而已。

在接下来的冥想和练习中，我会让你想象，当你成功设立界限金字塔中的所有界限后，你的生活会是什么样。想象你需要的每一个界限都得到了人们的认可和尊重，并且没有引起你所害怕的冲突。在冥想的过程中，我需要你实现信念上的飞跃：我希望你想象每个认识你的人和爱你的人都完全支持你所设立的界限，且你对此没有任何内疚感或羞耻感。这听起来可能有些牵强，但并不会像你想象的那样不可实现。由于我们的恐惧感会扭曲对未来的愿景，因此我们不敢想象自己的需求能够得到满足。但事实上，当你设立了界限后，你的家人、朋友和同事可能不会像你想象的那样生气沮丧。

问题的关键在于，你需要认识自己的需要，设定和维护界限，采取具体行动，才能创造你最想要的生活。是否改变生活，权利在你手中。

练习：展望未来

> 本练习由四个部分组成。第 1 部分是冥想，后面是 3 个需要动笔的练习。
>
> 开始前，一定要关掉所有通信设备，全身心地投入冥想中。

穿上宽松的衣服，坐在舒适的椅子或沙发上。如果愿意，还可以播放一些轻音乐或点上蜡烛。你可以用自己的声音读出并录下冥想的步骤，这样你就不必睁开眼睛，扰乱冥想状态。

对于需要写下答案的练习，请准备好笔记本或电子设备。

第 1 部分：对未来的冥想

1. 闭上眼睛，深呼吸。从脚开始放松身体的每一部分，然后逐渐上移，放松腿部、臀部、腹部、胸部、背部、手臂、颈部和头部，直到全身放松。**不要心急。慢慢放松，继续放松，越来越放松。**

2. 一切准备就绪后，继续闭上双眼，想象五年后的自己。你可能仍生活在现在的这个家里，也有可能搬到了其他地方。闻一闻家里的气味，听一听周围的声音，呼吸一下家里的空气。想象你生命中最重要的人都在你身边，并且你已经成功设定了界限金字塔里的所有界限。设立界限的过程中，没有产生任何冲突，也没有内疚感或羞愧感。而且现在的你，只要需要，总能轻松地设立界限。想象此时的你情绪如何，身体如何，这样的变化对你的家庭生活有什么影响。

3. 现在现象工作中的你。你可能仍做着现在的工作，也可能换了一个新工作。成功设立了最重要的界限，对你的职业生涯有什么影响？你的生活因此发生了怎样的改变？你的情绪、身体、思想和精神有什么变化？

4. 想象此时你和家人们在一起，或许你们正在一起度假。

成功地设立了需要的界限后，与过去相比，现在的你与他们在一起时感受有什么不同？

5. 最后，想象自己和朋友们在一起。现在你已经能够熟练地设立界限了，你的社交情况发生了什么变化？

6. 这部分的冥想时间可以尽可能长一些。一切完成后，扭动自己的脚趾和手指，轻轻转动脖子，逐步恢复清醒。深呼吸，慢慢睁开眼睛。

第 2 部分：写下成为"界限达人"后，你对未来的愿景

1. 通过冥想，你已经感受到了设立界限后生活中发生的变化，现在把你想象的内容全都写下来，包括每一个细节，以防忘记。千万不要想当然地认为自己能记住一切——一定要把细节写下来！

2. 特别注意，一定要把自己的情绪也记录下来。是否感觉自己强大了，平静了，满足了，自由了？

第 3 部分：创建美好结果清单

1. 根据冥想的结果，列出成功设立界限后，你所想象到的积极变化。这就是你的美好结果清单（List of Exhilarating Outcomes, LEO）。如：

· 由于不用再对他人的感受负责，我的压力小了，也感受到了自由。

· 我不必迫于无奈和姻亲们一起度假了，这样我就能真正享

受假期，留下与孩子们在一起的美好回忆。

2. 把写好的美好结果清单和笔记都保管好。日后，在设立界限过程中遇到困难时，就把这些笔记拿出来看一看。如想象没有界限的生活时一样，重温想象中的美好生活有助于你坚定决心，不会出于对后果的恐惧选择退缩。

第 4 部分：对自己的承诺

在练习的最后一部分，请写下对自己的承诺："我愿意选择想象中的美好生活。我知道若要实现美好生活，我必须成为一个'界限达人'。我应该争取我所渴望的生活，无须为此感到内疚。我会勇往直前，坚定自己的步伐，设定所需界限，给予自己应有的关爱和尊重。"最后签上你的名字，放在一个你经常能看到的地方。

是不是感觉到自己的信心和勇气都在不断增长？我发誓我感觉到了，信心十足，气逾霄汉！这也就意味着：现在可以思考如何设立界限了。那么设立界限时，我们应该如何描述？这也是我们在第7步中将要学习的内容：撰写设立界限的脚本。具体来说，就是要把如何设立界限的过程用语言表达出来。

谨记

当你思考要不要设立界限时，

回忆想象中自己成为"界限达人"后的生活，

以及不设界限自己的生活状况。

撰写脚本

第 7 步

Setting Boundaries

Will Set You Free

为了增加夫妻二人共处的时光，劳拉的丈夫坚持每天早起，结果适得其反，早晨的这点时间并没有起到增进双方感情的作用。他始终无精打采，而劳拉总是心不在焉。早晨两人共处的小仪式反而让劳拉感到焦虑和紧张。她意识到自己真正需要的是一周能有三个上午的时间安静独处。

　　于是她与丈夫设立了以下界限："我知道为了增进我们之间的感情，你专门每天早起，但这反而让我感到焦虑。为了缓解压力，以后每周一、周三和周五的早上我想独自度过，不受干扰。如果会受到干扰，我就早早出门。"很明显，她说这些话时充满了爱意，既没有生气也没有责备之意，语言简短精练、甜蜜温柔、直接干脆。

　　客户金姆（Kim）和前夫在照顾孩子的问题上经常发生冲突。他纵容孩子们吃不健康的食物，无视孩子们不完成家庭作业，最终孩子们成绩下降；甚至在事先未与金姆商量的情况下，允许孩子们参加各种聚会。为了改善这种情况，金姆与他设定了一个界限："非常感谢你在抚养孩子的过程中给予的经济支持，也感谢你的家人为孩子们所做的一切，但我也希望我们在抚养孩子的问题上能够意见统一，因此我们需要经常交流合作。我建议每隔六到八周我们见一次面，讨论孩子的需求和需要承担的经济责任。你同意吗？"

　　斯蒂芬妮（Stephanie）的男朋友喜欢在家吸食大麻，于是她设定了这样一个界限："我不喜欢你在我家里吸大麻，我不喜欢这种气味。每次你抽完，烟味久久都不会散去，就算你在屋外吸，气味也会钻进来。你可以改抽电子烟吗？这样就没有那么大的气味了。"请注意，她只强调了自己对他吸烟的感受，并没有指责他。就算他不同意，她还可以通过其他方式达到同样的结果，比如让他出去散步时抽烟，这样他就不用特别去门外抽了。

杰西卡的丈夫说服她买了一条狗，并答应跑步的时候遛狗。但不久后，丈夫就不去遛狗了，杰西卡担心小狗受到冷落，不得不承担起照顾小狗的责任。但很快她就对此感到不满，于是决定与丈夫设立一个界限："当初我们买狗的时候，你承诺买回家后你负责照顾，但是你却食言了，现在照顾小狗成了我的责任，对此我感到很失望。我希望你能说到做到，以后别忘了去遛狗。"

丈夫听后，只说了一句："好的。"如果他不同意的话，杰西卡可能会说："如果你说话不算数，不管这条狗，我们只能把它送人了，因为我不想遛狗了。"这一态度可能有些强硬，但也总比她选择忍气吞声，对丈夫渐生怨恨要好得多，那样的话，对他们之间感情所造成的伤害将难以弥补。

莎伦雇了一名助手，但这名助手每天都会给她发许多邮件询问各种问题。首先，莎伦认为她有责任指导助理解决问题，所以决定每周召开一次会议解决那些不太紧迫的问题。关于电子邮件，她设立了这样的界限，她说："如果有紧急的问题，可以给我发邮件，我会在 24 小时内回复。但是，如果问题不紧急，请列一份问题清单，我们每周开会时讨论。"设立界限后，莎伦就不再像以前那样频繁受到电子邮件的干扰了。

这些是我的客户在设立界限时使用的脚本。我知道，许多人之所以不愿设立界限，仅仅是因为他们不知道该怎么表达。因此，在这一步中——撰写脚本——你需要事先写好设立界限时所说的每一句话。提前准备好说辞，这样当你表达自己想要设立的界限时，就不会产生自我怀疑，也不会犹豫不决（希望如此），更不至于因为一时情绪激动而胡言乱语。

界限用语指南

加布里埃尔曾试着与丈夫设立界限，但结果都是徒劳。"我们总是因此而吵架，每次吵完我都泪流满面。"她说，"我总是表达不清楚。我说什么他都反击我，我不得不为自己辩护。我一辩护，他又会反击。我总是说不过他，最终流着眼泪向他道歉。"有时，就算她道歉了，丈夫仍不依不饶，一定要让她认错，承认自己的行为是多么愚蠢、多么无情。

许多客户之所以回避设立界限，原因之一就是害怕经历与加布里埃尔同样的情况。他们本来只是想表达自己的需要，结果却导致与亲人发生争吵。大多数情况下，使用以下设立界限的基本用语指南，就能避免上述情况。当然，也存在永远无法与某些人设立界限的情况。特别是对自恋者或患有边缘型人格障碍的人来说，设立界限的可能性十分渺茫。他们根本不懂尊重他人的界限，也不会理性地对待界限问题。如果和一个心理有问题的人交往，切记不要和他讨论界限的问题。和这样的人打交道，你只能靠自己维系界限；有时为了维系界限，甚至可能需要完全脱离这种相互关系。

即便是和一个理性的人讨论界限问题，也需要注意言辞，不要过度解释。"我什么都想解释，"伊莱恩说，"我都不记得每次发短信或电子邮件时改过多少遍，因为我一直在不停地自我解释。"

有一位面试官曾告诉蕾妮，她太透明了，太口无遮拦，她才开始考虑就分享信息的内容、时间、地点和方式设定界限。通常情况下，我们之所以会过度表达或过度解释，是因为我们期望能够以此缓冲潜在的冲突，或者寻求他人的认可和赞同。

马歇尔·罗森博格（Marshall Rosenberg）提出了非暴力沟通（NVC）的沟通方法，他指出，我们每个人都是信息的守门员，分享多少由我们自己决定。但是就设立界限而言，分享的信息越少越好。你没有义务向他人解释自己，说完该说的——然后闭嘴！

就这一步的内容而言，请记住以下两条：

话不在多——应恰到好处——说清楚自己需要设立的界限即可。

"不"是一个完整的句子。

如果有人对你提出要求，而你回答"不"时，那人可能还会等着你继续说，期待你解释拒绝的原因。就算他们想从你那里得到解释，你也没有义务一定要解释。佐伊说："我想人们早就习惯了听到'不'字之后，等待相应的解释，得不到解释就不罢休。"但是，如果你不想解释，就无须多说。

如果你觉得一个"不"字不够礼貌——比如回答老板的要求——那就尽量简单，比如"不行，我现在没时间"或者"不行，那件事我做不了"。通常，在人们的潜意识里，如果他们感觉到你是实话实说，反而会更加尊重你。

通常情况下，我们说完"不"字后，习惯性地还想继续解释，以期得到理解。注意，你无须让别人理解你，因为那会削弱你选择的权利。如果你选择了说"不"，就不要因为害怕冲突或得不到认可而多做解释。

假设有个人经常找你一起玩，可你不喜欢和这个人为伴。你不想伤害任何人，但是你实在不想再和那个人打交道了。如果对方再次要求和你一起做什么事时，你可能不会干脆地说一个"不"字，为了表示友好，你可能会进行解释。即使这样，你也无须进行长篇大论的解释。你可以简单地说："感谢你来找我，但我的工作实在太忙了，所以近期不能再安排其他的事。"

与他人设立界限时，我的语言表达模式非常简单，主要由两部分组成：提出要求，必要时说明目的。要求部分阐明他人对你的影响——"你做 X 时，我感觉 Y"——然后直接提出要求。这是 A 计划。这个方案的目的就是让对方听见你的要求，理解你，愿意并能够尊重你设立的界限。以下几个例子就是按照我的表达方式设立的界限。

• 你不洗碗，我感觉你不顾及我的感受，因此我很难过。以后你可以把自己的碗洗干净吗？

• 每次你哥哥发表种族主义言论时，都让我感到不舒服，甚至气愤。以后除了家庭聚会，我不想再和他有任何交集。你能接受吗？

• 你的狗经常跑到我家院子里排便，每次都是我去清理，我感到很生气。你能想个办法把你的狗关在自己的院子里吗？

这样表达自己想要设立的界限，最好的结果就是对方直截了当地说："没问题！我没想到我的行为会对你造成这样的影响。以后我一定会注意的。"不过，谁能保证永远都这么幸运呢，如果对方不愿意或者不能接受你的要求，你就需要采用 B 计划：自己满足自己的需要。这个计划的目的就是告知对方，为了满足自己的需求，你将采取怎样的行动。记住，维系界限不是别人的事，而是你个人的事，你自己的责任。无论什么情况，在提出要求设立界限之前，都要准备一个备用计划——确保自己能够成功设立界限。以下是我提出上述界限需求时准备的 B 计划：

• 要是你不洗碗，我就用家庭基金购买一些纸盘子，这样我就不用给你洗碗了。

• 要是你还想和你哥哥见面，那我就一个人留在家里。

• 如果你管不住自己的狗，下次我再看到你的狗跑到我的院子里来，我就打电话叫动物管理机构的人来处理。

通常情况下，最好是先提出请求，确定对方是否同意；然后表明态度，即如果对方不同意或不能满足你的需求，你将怎么做；最后再通过自己的判断辨别自己的要求是否得到了满足。如果双方的关系本就紧张，直接提出要求会比较困难，甚至可能引发更大矛盾，可能你以前已经尝试过多次，都没有成功——如果是这样，就跳过这一步。此外，粗暴或自恋之人不可能那么配合，如果是这种情况，你只需直接表明自己的态度，明确说明为了维系界限，你会采取什么行动——根本不需要先提出请求。

撰写设立界限使用的脚本时，可参考以下指南。

• **避免使用责备他人的语言**。记住，那个长期以来侵犯你界限的人一直就是你自己。确保自己的界限得到尊重也是你自己的任务。即使你很气愤，也请务必努力控制自己的情绪。如果你直接指责对方，很有可能引发争吵，这反而对你不利。所以一定要认清形势。如果你的生活给你带来了伤害，说明你已经越过了自己的界限，但现在你已经具备了设定界限的坚定决心。

· **聚焦自己和自己的情绪**。表述时使用第一人称"我"，表明你对目前情况的感受，你想采取什么措施来改善这种情况。你可以简单地提及对方的行为，但最终要回到自己的感受这个主题上。

· **避免自责，只有真正必要时才道歉**。有时，道歉是必要的，但大多数情况下，我们都是因为自己受了委屈而向他人道歉。如果没有伤害他人，就无须道歉。谨记：满足自己的需要并没有错。拒绝他人无理的要求，也不会伤害他人。如果你承担了许多本不应该承担的责任，就要反省自己的这种习惯了。我知道，我们在拒绝他人、说"不"的时候，难免会连带说一个"对不起"，但是我通过练习，已经养成了不说"对不起"的习惯。要避免对他人滥用同情心而忽略自己的需求，否则会给对方传递一种信息：你设立界限的底气不足，决心不坚定。

· **避免自以为是**。颐指气使对我们没有任何好处。如果你说"你的脏衣服都是我洗的，没完没了的，鬼知道多长时间了！"或者"每次参加聚会，喝得酩酊大醉的人又不是我！"，这样的表述反而会引发更激烈的争吵。按照自己撰写的脚本表达自己真实的感受即可。

· **不要自我解释**。你无须向他人解释你为什么要设立界限。比如，你无须说："我没钱了，所以不能再继续借钱给你。"你只需明确表明你不能继续借钱给对方即可。如果对方问为什么，你只需回答你就是不愿意再借即可，无须向对方解释或说明原因，因为你没有这个义务。

· **勿虚张声势。**"狼来了"的伎俩只能弱化你的决心——以及你的自信。如果你对丈夫说过，派对中他最多只能喝两杯酒，否则你就离开，那么下次如果他没有履约，你一定要离开。如果你要求加薪，不要轻易说出"不加薪就辞职"这样的话，除非你真的打算辞职。

坚定信心的小动作

在 Oprah.com[①]网站上，布琳·布朗（Brené Brow）说，每当她计划设立界限时，她就会找一种小动作提醒自己坚定决心。设立界限时，她会转动手指上的戒指，反复对自己说"宁可选择不适也不要继续怨恨"，提醒自己只需经历短期不适，就能换取长期解脱。

当你准备与他人设立界限时，我建议你参考这种方法，选择一些不易被人察觉的小动作，提醒自己设立这个界限的原因，坚定信心。以下小动作可供选择：

· 转动戒指、手表或手镯。

· 用一根或两根手指轻敲大腿。

· 用指甲轻戳手掌。

· 在口袋里装一块石头或水晶，需要的时候拿出来握在手中。

练习你所撰写的脚本时，连带你选择的小动作一起练习，效果

---

① 这里的 Oprah 即奥普拉·温弗瑞（Oprah Winfrey），1954 年 1 月 29 日出生于美国密西西比州科修斯科，美国演员、制片人、主持人。奥普拉·温弗瑞在荧屏前后都展现了坚强的女性形象，成为许多成熟女性和年轻女孩们的榜样。——译者注

更佳。通过这个动作，提醒自己坚定信心，满怀勇气。在练习脚本时转动戒指或选择其他小动作，你会创造一种带有勇气的记忆，然后你可以将它带入真正设立界限的时刻。

你会选择什么样的小动作？

设立界限的实用表达

莎伦学习了设立界限的方法后，决定与一个通过交友软件认识的人相亲。见面时，她顿时发现这个人至少比她大了 20 岁——她意识到这个人一定是虚报了自己的个人信息。一开始她不确定自己对此有何感受，当对方问她是否愿意继续约会时，她说，"说实话，我们之间的年龄差距太大了，请给我一天的时间认真考虑。"经过 24 小时的思考，莎伦确定自己不愿继续和他约会。要是在过去，为了避免伤害他人的感情，她一定会毫不犹豫地答应，继续约会。

客户蒂娜说："现在，如果不是我百分之百肯定的事，我都不会立即答应。"谨记，违心地对他人说"是"，其实就是对自己和自己的需求说"不"。

我发现一个好方法可以用于练习检验自己的真实感觉，那就是告诉自己**不要轻易对任何事说"是"**。即使你内心想接受，也要让自己先等一等。对于这个练习，可参考以下用语：

"谢谢你想到我。我先看看我的日程安排，然后再给你回复。"

"感谢你的邀请。我会仔细考虑，然后给你答复。"

"这是个好主意。我先落实好几件事，明天给你发信息回复。"

最好记住这些用语，随用随取。就当是一种游戏——只要你在生活中使用了其中一个表达，就拍拍自己的肩膀作为鼓励。

以下用语简洁、友好，可用于多种设立界限的情境。

· **你的回答是"不"时：**

"谢谢你的邀请，但是我没有时间。"

"感谢你的邀请，但我去不了。"

"这个提议很好，但我现在做不了。"

· **你想制止对方的主动反馈或他人的批评时：**

"请不要对我的体重进行评论。"

"我不需要知道你对我的外表有什么看法。"

"我的人生由我来决定，你无权发表意见。"

· **直接提出要求时：**

"今晚在哪儿吃饭由我决定。"

"每周我需要单独在客房睡一晚。"

"我需要请一位助理共同完成这个新项目。"

· **需要思考后才答复时：**

"我现在很难过，等我们都冷静下来后，再谈这件事。"

"现在继续谈下去，对谁都没有好处。我要去另一个房间冷静15分钟，然后再和你谈。"（请遵守诺言，15分钟后一定回来。）

"我需要一天时间考虑这个问题，然后再给你答复。"

"决绝之词"

普丽娅离婚了，家人不停追问事情的经过。你们为什么要离婚？你和他谈过了吗？你想办法解决了吗？他做了什么不可饶恕的事了？为什么不想办法挽救婚姻？在她的家庭中，打探每个人的私事是家常便饭，所以她感到很难与家人设定界限——很难保护自己的隐私。她想努力解释，却又什么都不想说，或者干脆就说："我不知道。"

但实际上，普丽娅无须因为家人的需要就一定对此进行解释。

她只需要用一两句话，明确表达自己的界限，并重复使用。我把这样的词语称为"决绝之词"（company line）。例如，对普丽娅而言，她的"决绝之词"可以是："我离婚没有错，我也不想和你们谈论具体细节。"无论家人如何追问，她都可以用这句话怼回去。每次都得到同样的答案后，她的家人们最终会自知无趣，不再追问。

当然，她的家人可能会因为她什么都不说而不高兴，但生活就是这样。这是她的私事，他们无权干涉。如果她经不住家人的纠缠，告诉他们事情的经过，她一定会后悔。因为她会因此受到家人的更多指责——这是她家的一贯作风。普丽娅虽然设立了界限，但是最终为了得到家人的认可又选择屈服。我们都知道，对普丽娅而言，最重要的认可不是来自他人，而是来自她自己。她不必向任何人证明自己的人生选择是否正确，也无须因为有人问，就必须回答。但由于多年的妥协，现在突然改变行为模式，恐怕没人支持，这的确是很大的挑战。正因为如此，"决绝之词"非常实用。

有了决绝之词，就能避免他人对你设立的界限"讨价还价"。

你只需要说完决绝之词，然后什么都不说。界限再遭跨越时，维系界限行之有效的方法就是使用决绝之词——你只需要经常重复就可以了。第一次使用决绝之词时，有必要多重复几次，让对方听得更真切。特别是在你长时间没有坚持自己的界限，甚至根本没有提过自己的界限，再次设立界限时，使用决绝之词尤为重要。

这一步开始提到的 B 计划就可以作为你的决绝之词。"如果你继续 X，我就要 Y。"

我们与之设立界限的人，通常都是我们所熟悉的人，因此，我们不难想象他们的反应。准备脚本时，尽量全面，多思考几种可能性，以备灵活应对。绿湾包装工队的阿隆·罗杰斯（Aaron Rodgers）[1]说，他上场时，从不会感到紧张，因为上场前他已经在大脑中把比赛中可能出现的所有可能性都想到了，并且针对每一种可能性都做了充分准备。设立界限时，我们可以学习他的方法。我建议你列出设立界限时可能遇到的所有可能性："如果他们说或做_____，那么我就说或做_____。"（你的决绝之词是你使用频率最高的内容！）

当然，我们永远无法预测事情究竟会如何发展；不过我发现许多客户都对他们得到的回应感到又惊又喜。无论如何，准备得越充分，设立界限时你就会越自信。自信是成功设立界限的关键。

把我想象成你的教练，比赛前正和你在更衣室讨论比赛策略。我们一起讨论你撰写的脚本——设立界限时你与对方的对话内容。例如，假设你有一个弟弟，总喜欢不打招呼就到你家来，于是你决

---

[1] 美国职业橄榄球运动员，效力于绿湾包装工队，司职四分卫。——译者注

定和他设立一个界限。

你："你来之前从来不打电话，给我带来了许多不方便，每次都会打断我的工作。下次你来之前能先给我打个电话吗？这样我就可以告诉你我是否方便。"

弟弟："我以为你喜欢我过来玩。"

你："我喜欢你来玩，但是我也有工作，你一来我就没法工作。以后你要来，一定先给我打电话。如果你不打招呼就过来，我就不给你开门，因为我要完成我的工作。"

弟弟："你真没意思。"

你 [开始你的决绝之词]："我希望你来玩，只要提前打个电话就行。"

弟弟："事情可真多！"

你："我希望你来玩，只要提前打个电话就行。"

弟弟："我以前从没打过电话。"

你："这是我现在的需求。我希望你来玩，只要提前打个电话就行。"

弟弟："好吧，好吧——你希望我来玩，就是要提前打个电话！"

你："对！谢谢。"

你需要注意的是，避免与弟弟深入讨论，也无须与他发生争执，以免最后受他操控或被他利用你的愧疚感，达到他的目的。你只需简单地重复你的决绝之词："我希望你来玩，只要提前打个电话就行。"

就上述例子而言，弟弟可能会因为新的安排而恼火一段时间，但最终应该能够接受。如果他接受不了，那么你就必须实施 B 计划：

他不打招呼就来时，坚决不开门。

下面是两个好朋友之间的对话，一个朋友试图设立界限，她先提出请求，然后说出了决绝之词。

朋友1："你每次向我借钱时，我都感到不舒服。虽然我很爱你，但是希望你以后不要向我借钱了。"

朋友2："可我需要你的帮助。"

朋友1："我知道，但我不能再给予你经济上的帮助了。"

朋友2："为什么？再说你又不是没钱。"

朋友1："这就是我现在的决定，希望你尊重。"（请注意她没有道歉，没有谈论自己的经济状况，也没有做任何辩解，只是简单地说出了自己的需要。）

朋友2："要是没有你的帮助，我真不知道我该怎么办。你不在乎我了吗？"

朋友1："我当然在乎。[以下是她的决绝之词：]但如果以后你还向我借钱，我们之间的友谊就结束了。"

朋友2："要是我有钱，你需要借钱时，我一定会毫不犹豫地借给你。"

朋友1："无论如何，如果以后你还向我借钱，我们之间的友谊就结束了。"（请注意她没有在朋友的诱导下产生愧疚感，而是直接表达了自己的决绝之词。）

朋友1立场坚定，诚然，设立这样的界限很有可能真的结束她们之间的友谊。这也正是我的客户们所害怕的。但是一旦接受了事实，他们的感觉就会好起来。如果一个朋友强行要你给他你不想给的东西，这算是什么友谊？

那么，如果设立界限时，话不投机，对话变得激烈起来，你该怎么办？我的朋友伊丽莎白（Elizabeth）就遇到过这种情况。十年前她犯了一个错误，因而多年来一直忍受着姐姐的蔑视和愤怒。伊丽莎白真诚地道过三次歉——但姐姐仍不肯罢休，只要她们在一起，姐姐就不依不饶。伊丽莎白意识到自己必须和姐姐设定界限，这可能不易，但她必须如实告诉姐姐自己的感受："你不能再这样对我，否则你就再也见不到我了。"然而她爱自己的姐姐，心里其实非常害怕失去她。

姐姐发来的一封电子邮件成为压倒她的最后一根稻草。姐姐在邮件中埋怨她放假不回家。伊丽莎白给姐姐打了一个电话。"我决定不回，你好像很不高兴。"没想到她一开口就捅了马蜂窝。姐姐一如既往地斥责她。以下是她们的对话内容：

伊丽莎白（**打断了姐姐**）：请先听我说。以后请不要再像这样对我大喊大叫了。以前，除了你没人会这样对待我。但现在，我已经忍无可忍了。以后请你善待我，尊重我，否则你就再也见不到我了。

姐姐（**气愤**）：我不知道你在说什么！你怎么这么自私——

伊丽莎白（**再次打断**）：你总是像这样对我大喊大叫，指责我多么自私、多么不负责任，只会考虑自己。我不是这样的人，在我的生命中，你是唯一一个这样说我的人。你自恃是我的姐姐，就可以这样对待我吗？今后请你像对待朋友一样对待我，别再把我当成你的妹妹了。如果你不能像对待朋友一样尊重我，我就从你的生活中消失。

姐姐（**沉默很久后，开始哭泣**）：你说得对……你说得对……我不知道为什么会这样对待你。我爱你。可我一见你就会不由自主地生气。

伊丽莎白（**哭泣着**）：我也非常爱你，不想失去你。如果你对我有气，我愿意坐下来和你好好聊一聊。但我再也不想听你大喊大叫，说我有多么坏了。

姐姐：你说得没错。我明白。我会努力。

伊丽莎白鼓足了勇气才做到和姐姐开诚布公地谈了这个问题，没想到结果如此轻松，让她感到又惊又喜。多年来，她一直忍辱负重，不敢说出自己的感受，就是害怕引发更大的冲突。然而，当她下定决心与姐姐设立界限——坚持自己的决绝之词：如果姐姐继续以前的行为，她就从姐姐的生活中消失——姐姐最终让步了，并向她道了歉，改变了自己的行为方式。到今天为止，她们之间再也没有出现过矛盾。

以下是另一种情况。一个男人想与妻子设立界限。虽然我建议在设立界限时尽量避免过度解释，但如果你面对的是你生命中的重要人物，简单地解释几句也未尝不可。再次强调，解释的目的不是为自己辩护、向他人道歉、寻找借口或获得他人的认可。请注意，你不是为了让他人感觉更好才设立界限的。他人的感受不是你的责任。有意识地提醒自己有权设立界限，并始终坚持自己的决绝之词。**说明白即可，不要为自己辩护。**

这时可以加入自己设计的小动作，坚定自己的决心。

丈夫："过去我一直要求有一些自己的时间，但我没有坚持自己的界限。从现在起，为了我的需要，以后每个周六的上午，我需要独处。"

妻子："我不明白，你为什么不想和我在一起。"

丈夫：　"我不是不想和你在一起，而是需要一点独处的时间。"

妻子：　"你这样让我感觉你不爱我。"

丈夫：　"你知道我爱你，但是给我一点独处的时间，更有利于我们之间的感情。每个星期六上午，我需要四个小时的独处时间。要是我没法一个人待在家里，我就去别的地方。"

妻子：　"要是你去了别的地方，我怎么知道你是不是去见别的女人？"

丈夫：　"我去别的地方是想一个人独处。"

妻子：　"你为什么要这样做？"

丈夫：　"这是我的需要。"

妻子：　"那我的需要怎么办？"

丈夫：　"你的需要你要自己负责。我愿意倾听你的需要，但我希望你能尊重我的需要。我爱你，也喜欢你的陪伴。但从现在起，为了满足我的需要，以后每个周六的上午，我需要独处。"

现在，你应该对如何撰写自己的脚本心中有数了。当然，你所撰写的脚本应该适用于你的生活和各类关系，以上示例只是参考。

在接下来的练习中，我们将协助你撰写一个设立"底线式"界限的脚本，但这并不意味着写完就一定要立刻设立！事实上，我反而建议你不要急于设立。目前我们所做的都是准备工作，后面还有更多内容能够帮助你。

✂ 练习：撰写脚本

在这个练习中，你需要从界限金字塔中选择一个"底线式"界限，在日记本上或其他电子设备上撰写设立界限所需的脚本。

1.先写出自己的需求（写清楚 X 和 Y 代表的具体内容）。"你做 X 时，我感到……你能不要继续这样做了吗？"如果对方说不，你就说："为了满足自己的需求，下次你做 X 时，我会做 Y。"

2.即使对方同意你的要求，你也需要表明你的 B 计划 / 说出你的决绝之词。"如果 X 再次发生，为了满足我自己的需要，我会做 Y。"撰写脚本时，最好不要期望对方能够遵守他们的诺言。例如，你的父亲可能同意不再继续贬低你的丈夫，但他已经形成了习惯，可能一时很难改变。可能你已经提醒过他多次。因此，这次你一定要让他知道你是认真的，如果再发生同样的事，你就会采取行动。然后，做好准备，说出决绝之词，之后付诸行动。如果你说，他再在你面前贬低你的丈夫你就会离开的话，那么你就要做好真正离开的准备。

3.把你能想象到的对话内容都写下来。如果对方不同意，他会说什么，你应该如何回应？"如果你说或做 _____，我就会说或做 _____。"有多少种可能性都写下来。在写下自己的回应之前，请重新阅读这一步前面的指导原则，避免陷入常见的陷阱，时刻记住避免陷入冗长的争辩之中。记住，大多数情况下，你只需用你的决绝之词回应即可。

4.如果可能的话，找一个人作为你的"界限伙伴"。作为界限伙伴，她 / 他愿意与你谈论你需要设立的界限，而你也愿

意为她 / 他做同样的事。这个人会在你设立界限前鼓励你，在你设立界限后安抚你的情绪。我强烈建议你花点时间找一个合适的伙伴。在进入下一步时，这个伙伴的帮助尤为重要。

此时的你，已经找到了阻碍自己前进的情感障碍，深入探索了设立和不设立界限的后果。此时的你，已经撰写了设立界限的脚本，因此你已具备了设立界限所需的一切。一想到要设立界限了，是不是仍感到很紧张？别担心——我们先从"入门级"界限开始，然后逐步挑战有难度的界限。你已经准备好了！

谨记

话不在多——应恰到好处——说清楚自己需要设立的界限即可。

设立"入门级"界限

第 8 步

Setting Boundaries

Will Set You Free

鲍勃的老板对他说："上级领导刚刚给我发了一封邮件，说需要一份电子表格，你填好后明天发给我。"鲍勃查看老板转发来的邮件时发现，这封邮件上级领导几天前就发了。显然，老板并不是"刚刚"收到这封邮件。

星期五是鲍勃的休息日，于是他对老板说："周四下班前我会填好交给您，如果需要修改，请于周五上午 10 点之前返给我。"老板表示赞同。

周五下午 1 点左右，鲍勃收到了老板发来的一封电子邮件，要求他修改表格中的内容。鲍勃回复："我们之前约定好了，如果需要修改，上午 10 点之前发给我。现在我不在办公室，无法修改。"

你猜老板怎么回复的？"你说得对，我确实承诺过。我会处理的。祝你周末愉快。"

鲍勃说，要是以前，他会放弃一切安排给老板修改表格，现在的做法对他来说并不容易，但他深为自己感到骄傲。他说："我为自己设立了一个界限，并始终坚持，我认为在这一过程中我赢得了尊重。"诚然，我们无法保证每个人的老板都能如此通情达理，但我多次发现，我们预期的灾难性结果一般很少发生。

就玛格丽特而言，她需要与一个学生设立界限。"不久前，有一位年轻女子参加了我主办的所有瑜伽课程和研讨会。"玛格丽特说，"她非常可爱，喜欢听我所讲的内容，但是总嫌不够。随后，她开始不断给我打电话。几次电话之后，我意识到我必须和她设立界限。于是我告诉她，我可以在课堂上帮助她，如果生活中遇到了什么问题，她应该打电话给家人或她的治疗师。"玛格丽特的学生一开始感到有些失望，但还是答应不再打电话。

玛格丽特最近与父母也设定了一个界限。"我决定在看望父母时，坚定自己的立场。我知道他们早就把我最喜欢的红酒冰镇好等着我，他们一向如此，但是我已经戒酒有一段时间了。戒酒对我来说并不容易，所以我最不希望的就是半下午有人给我递酒过来。以前，我虽然能够努力克制自己，但最终抵不过父母的热情，还是会接过酒。这次，我提前打电话告诉他们不要像往常一样为我准备酒。到父母家，我也没喝一口酒，这还是第一次。因为我立场坚定，并提前告诉了他们我的界限，每个人（包括我自己）都应该尊重我设立的界限并支持我。获得了表达自己内心和设立界限的主动意识、自信心和技能后，我的生活发生了很大改变。"

梅根说她已经开始和儿子设立界限了。"每当他要求我带他去哪里玩或让我为他做点什么的时候，我会先问问自己是否方便。如果不方便，我会告诉他以后再去，并和他重新约定一个时间。一开始他有点吃惊，但还是同意了。这样做以后，我在生活中少了许多抱怨，也能完成我需要做的事。"

劳拉过去习惯过度付出，现在正在努力学习设定界限。"妈妈问我能否给我的继妹举办一个惊喜派对。这一次，我说我可以提供地方，但不负责食物或饮料，同时建议其他人自带食物过来。她同意了！最后妈妈带来了主菜，爸爸带来了冰激凌，哥哥带来了饮料。"

伊莱恩的丈夫开车时，经常暴发"路怒症"。伊莱恩很不喜欢他这一点。原因是他不喜欢他开车时，她在旁边玩手机。他说，她在车里玩手机时，他感觉自己就像个专车司机。既然丈夫说了自己的感受，她也想借机就他的"路怒症"与他设定界限。最后，他们达成协议，他们一起用车时，由伊莱恩开车，这样，伊莱恩就不会玩手机，而丈夫也没有理由再暴发"路怒症"了。

以上就是我所说的"入门级"界限的例子。"入门级"界限可作为练习界限——一种你认为不会导致冲突，不会给你带来太多焦虑，但以前不敢设定的界限。通常，"入门级"界限位于界限金字塔的"锦上添花式"界限层或"最好拥有式"界限层，而不是"底线式"界限层。这类界限，可以让你稍显身手，施展一下你刚刚练就的用于设立界限的肌肉，而不用冒很大的风险。

这一步中，你只需选择一个界限着手设立即可。对，这的确是我第一次要求你正式开始设定界限！但是别害怕，我会一直陪在你身边。到现在为止，你已经做好了充分准备，我保证设立界限没有你想象的那么难。若想创造自己理想的生活，这是你需要迈出的第一步。出发吧！

熟能生巧

设立简单的"入门级"界限看似无足轻重，实际上却是重要的转折点。无论这一步选择设立的界限多么微不足道，我发现完成这一过程后，客户树立了自信心，也感受到了自己的强大。设立"入门级"界限时，我们感觉越轻松，越能成功地设定重要的界限——

为了自己的健康和幸福，我们想要也是需要设立的界限。

设立界限是一个循序渐进的过程。通常，我们设立一个界限后——哪怕是那些无足轻重的界限——仍必须反复设立。还记得这一步一开始提到的鲍勃吗？他就反复与老板设立了休息日不工作的界限。杰西卡也是如此，她的儿子总是要求她随时放下一切，立即满足他的需要。当她第一次和儿子设立界限后，儿子的行为一如既往，没有改变；虽然这是一个简单易设的界限，但她依然需要反复设立，不断维护，才能实现真正的改变。

换句话说，设立界限是一种需要长时间重复多次的行为。我的一位客户曾经说过，设立界限就是一个"熟能生巧"的过程——不仅要学会设立界限，还要学会在长时间内维系界限。你可能感觉自己就像一台复读机，反复说同样的话（比如你的决绝之词）。维系界限是设立界限过程中必不可少的部分，懂得"熟能生巧"的道理，就不会产生强烈的挫败感。

对于"入门级"界限，脚本不用写得太复杂，只需要做到：（1）不道歉，（2）不辩解，（3）不推卸责任。把注意力放在自己身上，语言尽量简短友好。

例如，假设你有一个客户，总是不提前预约就直接找你办事。你可以这样和客户设立界限："以后需要我办事的话，请至少提前一周通知我。"

再比如，你的伴侣总是想让你做饭。你可以说："从现在起，我决定每周只做三次晚饭。其他时间，我们可以出去吃、点餐，或者你来做饭。"

什么是"自我界限"？

我的一些客户感觉，与他人设立"入门级"界限都十分具有挑战性。因此，为了突破这一挑战，我们首先从设立"自我界限"开始，即你与自己设立的而不是与他人设立的界限。

你有多少次因为没有履行对自己的承诺而跨越了自己的界限？也许你在饮食上作弊，或者在工作中犯了拖延症，导致工作任务一直拖到最后一分钟才完成；也许你告诫过自己不能每天晚上参加社交活动，但却没有完全做到；也许你承诺比赛期间只喝一杯啤酒——结果喝了三杯。这些都是我的客户开始与他人设立"入门级"界限之前，尝试设立的自我界限。

"我决定设立一个自我界限，不再就妹妹的花钱问题指责她，"杰西卡说，"我给自己制定了一个原则，比如，我和妹妹一起逛塔吉特百货①时，我不允许自己对她所买的东西进行评论，因为那样我很痛苦，她也很生气。"杰西卡意识到她的指责实际上侵犯了妹妹的界限，于是她设立了一个自我界限控制自己不要发表意见。

一年前艾比和丈夫离婚了，但是离婚后两人的关系一直非常亲密。"现在我们都有了各自的约会对象，显然我们之间需要保持距离。"她说，"真要和他维系这一界限对我来说很困难。我们是好朋友，我知道有些问题和他谈不合适，但还是想找他。"她知道她还会产生和前任继续交往的冲动，因此，她必须设定一个自我界限，无论多么渴望与他接触，都要克制自己。

---

① 美国仅次于沃尔玛的第二大零售百货集团。——译者注

　　加布里埃尔的丈夫，也是孩子的父亲，十分爱喝酒，有时会因此伤害孩子们。"我努力控制局势，"她说，"并与他设定界限，只要他喝酒我就不管他，但很快又因于心不忍打破了这一界限。现在，每当我心疼他、想帮助他时，我就把对他的爱释放到宇宙中——就像释放气球一样。做到这一点很难，但我知道这样做对我、对他都是最好的。不管这种释放爱的方式是否起作用，至少我不会再继续打破自己的界限了。"

　　劳拉选择了一个不涉及他人的自我界限作为入门界限。现在的她不再像以前那样拼命工作，而是以自己的身体作为晴雨表，决定自己的工作时长。"只要我的脖子、肩膀或手腕开始酸痛，或者我感到眼睛疲劳，我就知道我需要停止工作。休息好之后，我再继续。"

　　莎伦设定了一个自我界限，不再执迷于和前男友重归于好的想法。"我只要一产生重归于好的念头，便通过冥想的方式把我的思绪拉回当下。"这是一个心理界限的例子，即我们可以通过意识决定自己产生怎样的思想。就我个人而言，设立心理界限一直都是一个难题。我记得露易丝·海曾经提醒过我，在我的大脑中，我是唯一的思考者，因此我有能力改变思维。我发现我的思绪如一匹匹野马，通常我还没来得及主动选择，就随便抓一匹跳上了马背。

　　露易丝提醒我，如果我能够对自己的思想具有主动意识，就能控制自己的思绪。于是我决定练习放手大脑中的那些野马，任由其飞奔而去，而我则停留在后面，选择一个能给我带来愉快感受的思想。当然，这需要大量练习，从很大程度上说，设立自我界限就是一种良好的练习——主动地进行有意识的选择。

练习：设立"入门级"界限

在本练习中，你将先设立一个自我界限，然后准备——并设立——一个涉及他人的"入门级"界限。请将问题的答案写在笔记本上或记录在电子设备上。

第 1 部分：设立自我界限

1. 以上述客户的经历作为指南，选择一个你想设立的自我界限。可以是与他人有关的自我界限，也可以是旨在改变自己的自我界限。

2. 写下你想设立的界限。例如：**晚上 7 点之后，我不能吃任何食物；或者，只有妹妹主动提出要求时，我才会给她建议。**

3. 每天读一遍你设立的界限，最好能贴在浴室的镜子上，提醒自己坚持。

4. 在日历上记录自己开始的时间，一周后评估自己的进展。如果你很难坚持自我界限，也不要太难为自己。每次你跨越界限时，只需再次引导自己回到最初的选择上，设法维系界限。（**当你发现维系自己设立的界限都如此不易时，你会更能理解为什么他人很难维系你与他们设立的界限了。**）

5. 如果你选择设立一个心理界限——选择你愿意或不愿意沉浸的思绪——你更需要不断提醒自己，维系自我界限。这时，你可以使用第 7 步中选择的小动作提醒自己，也可以在手机上定一个闹钟，每隔一个小时提醒自己控制思绪，回到现实。多多练习这一小动作，最终形成习惯。

第 2 部分：设立"入门级"界限

1. 再看一遍自己的界限金字塔，从"锦上添花式"界限层或"最好拥有式"界限层选择 1~3 个"入门级"界限。避免选择那些会给你的家庭或工作带来重大负面影响的界限。谨记，"入门级"界限只指那些能够帮助你初展身手但不会引起严重焦虑的界限。换言之，这样的界限在设立的过程中应该是比较顺利自如的。

2. 选定一个"入门级"界限，然后写下来。

3. 接下来，回顾上一步（第 7 步）中撰写脚本的方法，写出你表达界限时要说的每一句话。把注意力放在自己身上，避免给他人下最后通牒。例如，你可以说：**"妈妈，您知道我喜欢素食，可是每次回来吃饭你总是劝我吃肉，这让我感到很不舒服。我希望您能尊重我的饮食习惯，让我自己选择想吃的食物。如果您做不到，下次我回来时就自己带饭过来。"**

4. 对着镜子或者和界限伙伴一起练习脚本。

5. 做好重复设立界限的准备。陈述自己的决绝之词时，应一如既往地简洁直接。

6. 下定决心，付诸实践，与他人设立界限。

设立中级界限

恭喜你！你已经从"入门级"界限毕业了，现在可以开始设立中级界限。设立这类界限诚然要比"入门级"界限更具挑战性，但还不是最让你害怕的"底线式"界限。

虽然我的许多客户在设立中级界限时，最终的结果总是比预期的容易得多，但每次开始之前，他们都做了大量准备工作。对于这些会引起强烈情绪变化的界限，在设立的过程中，大多数人都会经历一段紧张时期。

如果在设立中级界限的过程中，你感到害怕，请记住——请务必记住——一定要循序渐进，待到自己感到舒适之后再继续。只要保证每天都朝着自己的目标努力，哪怕只是冥想、写日记、与信任的朋友交流，也是一种坚持。这样可以防止自己永远拖延，迟迟不设立界限；这也是冲动行事和拖延不愿前进之间的分界线。而对于能否设立这一界限，你是唯一一个有主动权的人，也是唯一一个知道时机何时成熟的人。

如果你想设定一个中级界限但还是有些犹豫，那就大方地向自己承认还没有完全准备好，这样做有利无害。实事求是，原谅自己，犹豫只是人性使然。至少现在，你是主动选择**暂不**设立界限——因此没有关系。本书中所列步骤，旨在帮助你做好准备，最终你会充满信心，勇敢地设立界限金字塔上的所有界限。可能下个月、明年抑或未来的五年，你才能完成金字塔上的所有界限，那又何妨？每个人都可以按照自己的节奏设立界限。

设立界限有时确实需要勇气，如跳水一般，深吸一口气，然后勇敢地跳下去。付诸行动能够增强勇气，一旦你用语言表达出自己欲设的界限，勇气便随之增加。每成功设立一个界限并保持下来，你的勇气就会倍增。

另外请记住，界限可以随时修改。你需要先测试一下，看看这些界限是否合适。比如说，你告诉母亲自己晚上 9 点以后就不接电话了，结果，她开始在白天频繁给你打电话，以这种方式尊重你的界限。但是电话的次数太频繁，严重影响了你，使你难以集中精力工作。因此，你可能需要修改界限，告诉她，只有在自己有空的时候才方便接她的电话。你必须意志坚定，如果电话还是很多，就转到语音信箱。她可能不会因此而改变，所以你必须设定并保持自己的界限，保证自己的时间（和理智）。

最重要的是，要有意识地设定界限，而不是回到自动行为模式——因为熟悉的行为模式，而习惯性地允许他人跨越你的界限。谨防自己内心隐蔽的回避战术。为了劝说自己不要设定明知对自己有好处的界限，你心里会说什么？你是害怕出现"要是……怎么办？"和想象到的最坏结果吗？只要能意识到自己的逃避伎俩，就能有效地阻止这些情况的发生。我们的目标不是引发负面情绪，让你害怕，而是让你学会有意识地、理性地做出选择。

在着手设立中级界限之前，我们先讨论一些可能出现的问题。

承受不设界限的后果

要是设立了界限最终导致意想不到——甚至无法承受的——后果，该怎么办？假设你父亲 85 岁了，精神状态一直不好。他很挑剔，也很难相处。过去你可能尝试过与他设立界限，如："爸爸，你要是再这样指责我，我就再也不来看您了。"可他要是一意孤行，怎么办？难道你真就不去看望年迈的父亲了吗？也许会，也许不会。

事实可能是，你的父亲已经这把年纪，不可能再改变自己的行为模式了。你甚至可能会因为他童年遭遇的创伤没有得到治愈，以及年事已高实难改变而对他产生同情。你或许会选择不再让他进入你的生活中，但也可能会选择继续忍受不愉快，陪他走完人生的最后一段旅程。如果是这样，那就尝试设立一个自我界限：向自己保证，当他对你言语苛刻时，你就离开房间，过一会儿再回来。

有多少人因为害怕孤独、害怕伤害他人或害怕冲突而备受折磨，对此我深感遗憾。但不管怎样，决定权始终在你自己手中。毕竟，你的生活你做主。如果你现有的状况或关系对你造成了伤害或剥夺了你的快乐，你可以选择设定界限改善现状；你也可以选择承受不设定界限的后果（和好处）——如，即使父母难以相处，也仍保持联系。

意识到选择权在自己手中，能够阻止自己陷入受害者的思维定式。你或许仍会对目前的状况感到沮丧和不满，但至少你不会因为自己的生活现状而责怪他人了。你也能够认识到，无论是继续受困于过去的状况还是失去控制，都是自己的决定。你对自己的决定权，比你意识到的或给予自己的要多得多。

因此，无论你做出什么选择，都是有意识的选择，主动权都在你自己手中。如果你认为不设立界限是最好的选择，也无须感到羞愧。只需要意识到，从决定不设界限那一刻起，你所经历的所有不适都是自己的责任，与他人无关。

接受后果

虽然我刚刚说过，你可以不设立某些界限，但同时我又要努力引导你设立一个中级界限，一个你已经做好准备的中级界限。

设立任何界限都会产生一定后果，因此在设立界限前，了解设立界限所带来的后果，并设法接受这些后果，反而有助于成功设立这一界限。对于你计划设立的界限，我建议你完成以下三个列表：（1）可怕后果清单／最糟糕情况清单，（2）不设立界限的后果清单，以及（3）设立界限的好处清单。（如果你正在纠结是否应该冒险设立界限，这个练习有助于你找到答案。）

在准备向他人用语言表达自己的界限之前，你需要预想设立界限可能会产生的后果，并接受这些可能产生的后果。通读几遍自己写的清单，鼓起勇气，提醒自己为什么要冒险。例如，我的客户艾薇（Ivy）有一个邻居，总喜欢在公寓楼的走廊里吸烟。烟雾会从门缝钻进她的房间，把她呛得直咳嗽。她忍了很长时间，最后决定告诉邻居不要在走廊里吸烟。她知道那个人脾气暴躁，如果与他对抗，就要接受因此而产生的后果。她想象，他可能会心怀不满，甚至辱骂她，散布谣言诋毁她，或者时时处处给她找茬。她权衡了设立这一界限的好处和所要付出的可能代价后，最终下定决心设立界限。为了做好充分准备，她撰写了详细脚本。她写道："或许你没有意识到，你在走廊里吸烟时，烟都钻进了我的公寓，把我呛得直咳嗽。希望你以后不要在走廊里吸烟了，谢谢。"

不出所料，邻居的反应正是艾薇所担心的。他理直气壮地说："我有权在走廊里抽烟，你管不着。"

由于艾薇已经为这种可能性做好了准备，于是她按照脚本继续说："你错了，你无权在走廊里吸烟，因为本州规定在公共场所吸烟是违法行为。如果你继续在这里吸烟，我就向房东举报。"

　　邻居骂骂咧咧，怒气冲冲地回到自己的公寓。此后每次碰到艾薇，总是板着脸，充满敌意。**不过自此以后，他再也没有在走廊里抽过烟**。对她而言，她的房间和走廊不再充斥着呛人的烟味，与之相比，邻居表现出的敌意只是一个小小的代价。虽然设立界限的过程并不愉快，但她并不后悔。

　　"我有一个朋友，只要事情不如她意，就会不高兴，"莎伦说，"过去，只要我们在一起，最终都是不欢而散。过一段时间，我们又会和好，然后再次不欢而散。我爱她，但是我发现我们之所以经常不欢而散就是因为我总是害怕她不高兴，所以一直没有与她设立界限。日积月累的不满之情导致我冲她发脾气，这让她更生气。我很珍惜我们之间的友谊，现在彼此都在努力重归于好。不过，这次，我意识到我必须和她设立界限。表明自己的要求和需要后，我们之间的感情反而增进了，我也无须因为害怕她不高兴而始终迁就她。有时她也会生气，但时间不会太长，因为我会向她明确表示我的需要。"

　　这些关于设立中级界限的例子是否能够引起你的共鸣？希望如此。现在时机已经成熟：在接下来的练习中，你将选择——并设立一个中级界限，改善生活中的某些现状。

练习：设立中级界限

> 　　在这个练习中，你将选择一个需要设立的中级界限。可以选择"最好拥有式"界限中的一个，比前期设立的"入门级"界限更具挑战性，但对你而言又不是最困难的界限。请将问题的答案写在笔记本上或记录在电子设备上。

1. 重温界限金字塔，找出一个中级界限。中级界限是那些让你感觉既不容易也不太难设立的界限。我的大多数客户都是从界限金字塔中"最好拥有式"界限层选择一个作为中级界限。如果你想到了一个新的界限，这个界限不在界限金字塔中，也没关系。

2. 就以这个界限为例，写出此界限可能产生的"可怕后果清单"。设立这个界限，最让你害怕的后果是什么？最糟糕的情况是什么？你会失去什么有价值的东西吗？这一界限会对你所爱的人和关心的人产生怎样的负面影响？

3. 现在，重新列一个清单，写下你因没有设定这一界限而遭受的痛苦，以及如果允许这种情况继续下去的话，你可能会遭受的后果。

4. 再列出第三份清单，写出如果设立这一界限，你能得到的好处。你希望产生哪些积极的结果？设立了这个界限，如果你周围的人都能接受，你的生活会怎样？

5. 现在开始撰写脚本和你的决绝之词。多数中级界限都会涉及他人。如果是这样的话，先提出请求（A 计划）——检测对方是否愿意尊重你要求设立的界限。记住，把重点放在自己的感受上，而非施加指责。例如："**每次你多喝几杯酒，我就感到不高兴。从现在开始，我们一起出去时，你可以最多只喝两杯酒吗？**"请注意，这个例子中表达的重点是你的感受，而不是对他人的责备。如果对方拒绝或没有明确表示赞同，你就需要继续 B 计划／亮出自己的决绝之词："**下次你喝酒超过两**

杯的话，我就自己打车回家。"然后，开始在心理上做好准备，想象自己走出餐厅或酒吧，自己打车回家。

6. 对着镜子反复练习脚本，将内容熟记于心。要是有可能，最好找一个界限伙伴一起练习。

7. 选择具体设立界限的日期和时间，然后勇敢出发！

祝贺你，坚持走到这一步，勇气可嘉！大多数人这辈子都不敢设立界限，而你却成功做到了，我的"界限达人"朋友！你已经练就了强健的肌肉，随时准备迎接最后的挑战。是时候挑战更艰难的"底线式"界限了——想象一下，一旦成功设立这些界限，你的生活会有怎样的改善。我承认设立"底线式"界限确实比较可怕，但我相信你能做到。请记住，我会一直陪在你身边！

谨 记

熟能生巧！

设立"底线式"界限

第 9 步

Setting Boundaries

Will Set You Free

瓦莱丽迟迟没有设立"底线式"界限。她和前夫多年前就离婚了，但仍然生活在一起。他一如往常，动不动就辱骂她、贬低她，说她有多么愚蠢、多么一文不值。和他在一起时，她总是小心翼翼，生怕触怒他，哪怕买一盒麦片，如果不合他心意，他都会大发雷霆。

她想搬出去，但是经济拮据，很难找到合适的住房。最近，她承认她对前夫还有情感依恋。尽管备受折磨，但她的内心深处对他还存有一丝牵挂，不愿离开他。

不过，她还是下定决心设立"底线式"界限：脱离目前这种痛苦的生活。于是她开始寻找住房。此外，为了维系界限，只要他辱骂她，她就另寻去处。

瓦莱丽一想到设立"底线式"界限可能产生的可怕后果时，内心就感到五味杂陈。"如果他辱骂我我就离开的话，既会惹得前夫不高兴，也会给提供住所给我的人带来麻烦。我会激起他们的愤怒，对我产生消极反应。他们会讨厌我，他们会责骂我，他们会训斥我，我要经受更多的折磨。而我最担心的就是——最终无家可归。"

但是，一想到如果不设定界限又会发生什么，她的内心更是百味杂陈。她将继续遭受前夫的批评和指责，长期的精神折磨必定让她痛不欲生。特别是遭受前夫的辱骂后，她很容易自责，因而经常郁郁寡欢。她知道，如果再不设定界限，她的自我意识将进一步遭到侵蚀。"我不能让这种情况继续发生，我要努力重建被摧毁的一切。"她说，"唯一的办法就是和他设立界限。"

她现在正处于进退两难的境地，这也是我的客户在设立界限前都经历过的阶段。同时面对两种让人惶恐不安的选择——设立界限或是不设立界限——必须选择其一，才能拥有更美好的未来。

瓦莱丽必须迈出这艰难的一步。（在撰写本文时，她正在努力设立终极界限，设法在外寻找房子，最终搬出去。）

她在"美好结果清单"中，列出了成功设定最重要的界限后，想象中的美好生活："我将获得自由。我将感受到自己澎湃的内心。我将获得精神支持以及他人的支持。我会更加强大。我会因为成功设立了界限而自豪，积极乐观地迎接新生活。"

为了做好充分准备，她运用了第 7 步中的撰写脚本，预测前夫各种可能的反应："如果他说或做 _____，那么我会说或做 _____。"瓦莱丽写道："如果前夫与我争论，反驳我说的话、否定我的感受或想法，我就说'我们没法谈了'，然后离开。如果他追上来，继续对我大喊大叫让我顺从他的想法，那我就离开家，去别的地方。如果我回来后他还纠缠不休，想要改变我的想法，那我就告诉他'我不想和你谈这个问题'，然后给朋友打电话，到她家过夜。"

伊莱恩也有类似经历，她对儿子的忍耐达到了极限。一天晚上，上大学的儿子和朋友们路过小镇，要在家里住一晚。她请他们进了家，并邀请他们一起吃晚餐。"我儿子和朋友们到家后，就去了当地的一家啤酒厂。很早以前我给了他一张信用卡的副卡，于是让他顺便带些中国菜回来。"她说，"我晚上 8 点给他们打电话问他们在哪里时，他说他们还没离开酒厂，不回来吃饭了。我有点恼火，只得重新考虑晚餐吃什么。过了一会儿，儿子给我发了一条短信，问我能否用我给他的信用卡请朋友们吃晚饭。他不肯给我们带饭回来，却要给朋友们在外面买饭。我很不高兴。他们在我家吃饭的话，我认为我有义务给他们做饭或点外卖；既然他们不回来吃饭了，我就没有义务为他们的食物付钱。但我没有向他表明我的界限，只是没有回复他的短信。虽然我并不情愿，但儿子最终还是用我的信用卡请朋友们吃了饭。我经常纵容儿子这样跨越我的界限，特别是在经济方面，对他而言这已经是一种常态了。但对我来说，我又错过了一次和他设立界限的机会。这一重要界限我早就应该和他设立了，但是我却一直在逃避。"

她大方地承认儿子长大后，她的确曾为了得到儿子的爱，用钱来"收买"他。但现在，伊莱恩的忍耐已经达到了极限。她意识到她需要设立一个底线，即不再在经济上支持有能力独立生活的人。她与儿子的这个界限已经拖了很长时间了，主要是她担心儿子会与她断绝关系，再也不回家了。但是她又不希望儿子是为了钱才回家看望她。她希望儿子是因为想念她才回家看望她。

设立这一界限，除了能给她带来明显的经济利益外——银行账户将不再枯竭——儿子也能因此受益。伊莱恩说："如果不与他设立界限，他就发掘不了自己的能力，也体验不到自己的强大。他会继续依赖他人的经济资助生活。他父亲就是一个典型的例子。"

完成了这一步所述的准备工作后，她深吸了一口气，最终鼓起勇气与儿子设立界限，她告诉儿子，她要注销那张信用卡的副卡。"我告诉他，他已经24岁了，完全有能力养活自己，"她说，"我还告诉他，如果需要我的帮助可以直说，我会尽我的能力帮助他。"

她的儿子似乎很轻松地就接受了她设立的这一界限，但伊莱恩知道，要继续维系这一界限，她还需要强大的意志力。

无论伊莱恩还是瓦莱丽，设定"底线式"界限都让她们感到胆战心惊。瓦莱丽对失去住房的恐惧、伊莱恩对失去儿子的恐惧都是真实存在的，也正是这些恐惧，让她们迟迟未能设立界限，长期生活在痛苦中。

这一步是：你将完成一个由三部分组成的练习，为设立"底线式"界限做好准备。一想到自己即将迈出这一步，你可能会像伊莱恩和瓦莱丽一样感到恐惧。如果是这样也没关系，因为我们都有这样的恐惧。但如果你已经完成了本书到目前为止涉及的所有练习，我敢肯定，你已经准备好了。

妥协与合作

在你开始进行这些练习，准备设立"底线式"界限之前，我们先简要了解一下如何就界限问题进行协商、妥协和合作。

当然，有些界限是绝对不容退让的。例如，就瓦莱丽而言，她所遭受的折磨就不能允许丝毫协商或妥协。但有时你会出于恐惧（病态互依性）默许他人跨越自己的界限，同时又想不惜一切代价坚持自己的界限，因此你需要竭力平衡这两者之间的关系。不管哪种情况，都要做到接受自己设立界限的后果。

劳拉的"底线式"界限与她的母亲有关。"过去我经常开车陪妈妈长途跋涉去我哥哥家和他们一家人过感恩节。我哥哥每天都酗酒，每次感恩节期间，他对我和妈妈都十分无礼。"她说，"从几年前开始，他对我们的态度越来越恶劣，于是我发誓再也不跟妈妈一起去他家了。但第二年，我就屈服了。不是因为我哥哥，而是因为害怕妈妈难过。不过，今年，如果她还想继续和哥哥保持这种不正常的关系，那是她的选择。我们进行了协商。我同意送她过去，但我们住酒店，不住哥哥家。他的孩子可以来看望我们，我们也可以去拜访其他亲戚。我们只是送孩子回家时在他家待了一会儿，然后很快说了声再见，就离开了。妈妈再让我陪她一起去看我哥哥时，我告诉她，除非她遵守我们事先的约定住酒店，我就陪她一起去。我不会原谅哥哥对待我们的行为，也不会让其他家庭成员假装看不见存在的问题。我无法接受没有自尊的生活，那对我来说代价太高了。"

很久以来，我一直有一个不可协商的底线，那就是我必须在家工作。然而，我和亚伦搬进新家时，他也有一个不可协商的底线，即我们两人都不能在家办公。他不愿意在家办公，希望把家和工作分开。那么我们如何应对这样的冲突呢？我们陷入了僵局，但一直这样僵持下去也不是解决问题的办法。我们中必须有一个人让步，于是我选择了协商。我们共同制定了一个计划，在外面租一间办公室共用。一开始，我对这样的安排很抗拒，但逐渐接受并感到满意。办公室离我们家只有两个街区的距离，我能够轻松切换在家的时间和工作的时间。

我意识到长期以来，我是出于习惯和恐惧才坚持在家里埋头工作。但我发现，有时灵活一些，换一种选择也未尝不可。只要新的选择更有利于我们或者能够满足我们的要求，未尝不是一个良好的选择。就我而言，重新调整我的底线有利于增进我和亚伦之间的感情，并且能够使我们以合作的方式共同工作。那次合作后，我惊喜地发现：与在家里工作相比，我竟然更喜欢在外面的办公室工作！

请注意，我用的是合作一词，而不是妥协。这两个词之间存在本质区别。就我而言，妥协意味着一方或双方为了维持和睦关系而放弃自己想要和需要的东西。妥协意味着牺牲自己的利益。如果存在自我牺牲，不满就会随之而来。而合作意味着双方都得到"满足"。例如，你可能会说："虽然我不同意，但是我们可以看看有没有什么办法能让我们双方都满意。"多数情况下，你们是可以达成"双方"协定，而不是"单方"协定的。换句话说，你在尊重自己需要的同时也能尊重他人的需求。

最重要的是，你需要记住，界限与生活中的其他事情一样，都是可以改变的。灵活是一种重要的品质。问题在于，许多人在生活中太过于灵活，以至于为了满足他人的需要而牺牲自己的需要。因此，在你考虑与他人合作之前，先想一想，什么事是你绝对无法容忍的，并承诺维系这些界限，探索未知选择时也是如此。

✂ 练习：设立"底线式"界限

在这个练习中，你将选出自己需要设立的"底线式"界限。将答案写在笔记本上或记录在电子设备上。

1. 回顾你的"底线式"界限，选出你想最先设立的界限。你认为哪一则界限对你而言最重要，或者你认为哪一则你为之准备得最充分？

2. 回顾第 7 步中的指导原则，撰写用于设立此界限的脚本和决绝之词。但是不要急于开始！

勇于设定"底线式"界限

在我离婚调解的那天早上，我的朋友、畅销书作家兼精神导师玛丽安·威廉姆森（Marianne Williamson）[1]打电话给我，询问我的情况。为了帮助我稳定情绪，她引导我通过视觉化方法想象最高版本的自己和最高版本的前夫坐在一起和平解决问题的情形。离婚调解是我一生中经历的最难的一件事情，虽然结果不一定如想象中的那样理想，但整个过程中，始终想象美好的愿景给予了我极大的精神支持。

很多人都给我讲过他们利用视觉化方法想象在逆境中产生积极结果的故事。几年前，我的一个朋友在机动车辆管理局（Department of Motor Vehicles）[2]发生了不愉快的经历，不得不改天再来办事。经历过那次不愉快后，她对那个地方产生了抵触心理。于是，她通过视觉化方法，想象那里的每个人对她都很友好。当她再次到达机动车辆管理局时，突然感觉这里和第一次来时完全不同，每个人对她都很友好，她很顺利就办完了事情。她在一家诊所也有过不愉快的经历，于是尝试了同样的方法，想象整个诊所充满了友善。等她再次到达时，果然迎接她的处处都是友善。

你可能已经注意到，作为导师，我更倾向于行动导向。可以说，我所设计的练习都不是不可实现的"海市蜃楼"。但是有相当多的证据表明，视觉化想象的练习可以对物理世界中发生的事情产生具

---

[1]　美国作家，《爱的奇迹课程》（*A Return to Love*）一书的作者。——译者注
[2]　美国负责管理机动车辆、颁发驾驶执照部门的通用称呼。——译者注

体的影响。人们做了几项研究，将研究对象分为两组进行对比，一组通过视觉化练习想象高效的自己，而另一组没有，结果想象高效的自己的那一组表现更佳。顶级运动员通常也会采取视觉化方法想象自己的成功。

澳大利亚心理学家艾伦·理查森（Alan Richardson）有一项著名的研究，他将篮球运动员分为三组，测试他们的投球能力。第一组每天进行 20 分钟的体能训练，第二组只做视觉化练习，想象自己成功投篮，不进行体能训练，第三组既不进行体能训练也不进行视觉化练习。结果表明，进行视觉化练习的那一组运动员的投篮能力与体能训练组的投篮能力同样有所提高，而既不进行体能训练也不进行视觉化练习的那一组运动员的能力没有任何提高。

俄亥俄大学的生理学与神经科学教授布赖恩·克拉克（Brian Clark）进行了另一项研究，他给 29 名志愿者的手腕打上医用石膏，时长一个月。他将志愿者分为两组，一组通过视觉化练习想象着锻炼手腕，每天 11 分钟，每周 5 天。他们只需在脑海中想象着锻炼手腕上的肌肉即可。移除石膏后，通过视觉化练习在想象中锻炼肌肉的那一组志愿者，他们的肌肉比没有进行视觉化练习的那一组志愿者的肌肉强壮两倍。

我亲爱的朋友们——已故的韦恩·戴尔和露易丝·海都是视觉化练习的支持者。他们在著作中和演讲中都建议人们进行视觉化练习，享受自己想要的结果。在我的鼓励下，许多客户通过视觉化想象取得了巨大的成功。客户蕾妮设定了一个界限，不再满足孩子们过度的经济需求。我让她想象孩子们都接受了这一界限，自己也因此得到了孩子们的尊重，结果真的都实现了。她说："在我的想象中，孩子们能够体会我的良苦用心，懂得我设立这一界限是为了他们的利益，并对我心存感激。我为他们树立了一个好榜样，通过设立界限满足了我们所有人的需求。"这种视觉化练习让她产生了对孩子们说"不"的勇气，并相信她不会因此成为一个坏母亲或失去孩子们的爱。

如果你现在仍然对视觉化练习的作用存有怀疑，我也能理解。虽然越来越多的人开始从事这方面的研究，但西方文化并不认可非本地的、非实质性的变化。但我要说的是：尝试一下，能有什么损失吗？想象设立界限能够成功总比想象自己总会失败要令人愉快得多。再者，我们已经在"可怕后果清单"中考虑过各种失败的可能性，已经把内心的恐惧吐露出来了，无须再想了。始终想着负面后果并没有什么实际的好处，但是将注意力放在"美好结果清单"上，**想象实际结果可能比你所希望的更好**，能给予你勇气，为设立界限做好精神准备。

如果心里只想着最糟的结果，必然很难成功，我相信你已经有过这样的经历了。我将让你亲自判断，通过视觉化方法想象自己期待的结果对你是否有所帮助。不过可以肯定的是，这样做不会对你有任何伤害。就算是出于研究的目的，试一下又何妨呢？

练习：将界限视觉化，设立目标

上个练习中你已经选择了需要设立的"底线式"界限，在这个练习中，你将通过视觉化练习想象设立这个界限的积极结果。然后你会创建一种仪式，明确自己设立界限的目标。冥想开始前，一定要关掉所有通信设备，全身心地投入冥想中。穿上宽松的衣服，坐在舒适的椅子或沙发上。如果愿意，还可以播放一些轻音乐或点上蜡烛。你可以用自己的声音读出并录下冥想的步骤，这样你就不必睁开眼睛，扰乱冥想状态。

第1部分：冥想"底线式"界限

1. 闭上眼睛，深呼吸。从脚开始放松身体的每一部分，然后逐渐上移，放松腿部、臀部、腹部、胸部、背部、手臂、颈部和头部，直到全身放松。**不要心急。慢慢放松，继续放松，越来越放松。**

2. 一切准备就绪后，继续闭上双眼，想象自己准备开始设立"底线式"界限。你可能正开着车去见对方；或者打开门，看着对方走进你的房间；或者拿着电话，正在通讯录中寻找对方的名字；或者正坐在电脑前，准备给对方写电子邮件。无论你选择什么样的方式，都能感受到内心对设定这一界限的强烈决心。你需要这样的决心，这样的决心对你来说也至关重要——因为你的需求至关重要。感受自己的信心，相信一切都会顺利。想象实际情况比你以为的更好。

3. 现在，想象你按照撰写的脚本向对方表述自己需要设立的界限。**将注意力放在你最希望得到的回应上**，想象听到对方说出了你最想听到的答案。一定要想象你得到的是最令你满意的答复。对方会怎么说？对方会如何表达对你的绝对支持？想象设立这个界限时，**你没有遇到任何冲突，内心很平静**。界限已经设立，一切进展顺利，感受自己均匀稳定的呼吸。你如此顺利地满足了自己的需求，感受内在力量和自尊自爱的增长。

4.现在，想象一个月后的未来，你设立的界限已经稳固。想象自己与对方在一起的情形，你们之间的能量场非常清晰，充满友爱与和谐。以这种方式体验设立界限的过程，感觉如何？

5.想象两年后的未来，这两年中你一直轻松地维系着自己的界限。那些因设立界限可能产生的可怕后果已经成为遥远的记忆；每天迎接你的都是"美好结果清单"中描述的生活。现在的你几乎都不记得设立界限前的生活了。想象并感受彻底设立界限后的感觉。设立界限后，你会有怎样积极的体验？

6.一切完成后，扭动自己的脚趾和手指，轻轻转动脖子，逐步恢复清醒。深呼吸，慢慢睁开眼睛。

7.为了增强设立界限的信心，你可以多次尝试这种视觉化的想象练习。

第2部分：设立目标

1.刚才你已经在视觉化练习中创造了美好的现实，现在你需要明确自己设立界限的目标。创建一些小仪式，深入明确自己的目标。可以点一支蜡烛；制作一个愿景板，详细写下你最渴望的未来；到户外散散步；手握一块水晶石；把目标写在笔记本上；或者诚心祈祷。

2.接下来，按照以下方式设立目标：写下目标，默念七遍，植根于心。例如，你的目标可能是："我决定和_____（人名）

> 设立这一'底线式'界限，以过上自由和舒适的生活，遵从我的内心"或者"我决定和 ＿＿＿＿＿＿（人名）设立这一'底线式'界限，不再容忍不可接受的事情"。设立目标是为了让自己和整个世界都知道，你已经为设定这个界限做好了充分准备。

后勤保障

明确设立"底线式"界限后，接下来你需要应对的就是后勤保障工作。你计划什么时候以什么方式设立界限？你需要等待某个特定时刻吗？如果是这样的话，你是否还要找一个真正合适的理由？你确定吗？虽然我建议你在设立界限前，多练习几次自己写的脚本，但是以等待合适的时机为由拖延时间，最终可能会半途而废。

你需要想一想以什么方式设立界限。你是计划通过面对面、打电话、发电子邮件还是发短信的方式设立界限？综合考虑，选出最适合你的方式——最有可能达到你预期结果的方式。如果你担心当面表述可能会导致难以控制的争吵甚至暴力行为，那就尽量采用打电话或书面告知的方式。

如果你已经完成了本书前面设计的所有练习，那么你一定已经准备好了脚本和决绝之词。熟记脚本，充满信心，坚定信念，与界限伙伴一起多练习几遍。

与其他人一起练习能起到很大作用，可以让你的伴侣和你进行角色扮演，把你最害怕对方做出的反应部分多加练习，这样你就有机会检验面对阻力时自己的脚本是否有效。把你想象的最好结果与界限伙伴一起分享，也能起到积极作用，有助于增强你的自信，更坚信自己能够得到期望的结果。

我知道做这么多练习，听起来似乎有些傻，但这些练习能够帮助你克服一些生理反应。如果设立界限的风险太大，我们会难以控制自己的情绪——将理智、理性的人引向……另一个极端。我希望通过做这些练习，你能够清楚明确地表达自己的决绝之词；我希望通过做这些练习，你能准确无误地牢记自己的决绝之词，这样你就不会受对方影响，偏离轨道。（如果对方善于控制他人，这一点尤为重要。）要是你能将决绝之词倒背如流，成功的机会就更大。就像排练百老汇首演一样，洗澡的时候、开车上班的路上，只要有机会，就练一练你的决绝之词。

如果你练习的时间已有两周之久，但仍然不敢着手设定界限，请深呼吸，勇敢向前。千万不要只练不做。

别忘了，你可以请你的界限伙伴帮助你。请他 / 她帮助你坚守设立界限的承诺，督促你确定设立界限的时间和实施方式。从本质上说，你的界限伙伴并不是监工，而是防止你逃避设立界限的人。让你的伙伴监督你是否存在退缩的迹象，如果必要的话，他还可以给予你鼓励，帮助你朝着目标前进。

在你开始设立界限的前 15 分钟，打电话告知你的伙伴，设立界限后立即打电话给你的伙伴汇报情况。设立界限时，你的伙伴会一直陪伴你，帮助你实现自己的目标。有人在你的背后爱着你、关心你，将给予你无限力量。即使你的伙伴表面上为你做的并不多，他们给予你的精神支持，也可能成为你成功设立界限的关键，确保你不会无限期地拖延下去。

练习：重温"可怕后果清单"和"美好结果清单"

在这个练习中，你需要列出所选"底线式"界限的"可怕后果清单"和"美好结果清单"。

1. 拿出一张纸，列出设立这一界限的"可怕后果清单"，或者写在电子设备上然后打印出来。总之，你需要一张纸质版的清单。快速完成清单，把想到的都记录下来。这一次，把每一个可怕的后果都视为一种恐惧，并记住恐惧只是"看似真实的虚假情况"。如："我怕他再也不想见我了。""我害怕失业。""我担心家人会说我自私残忍。"

2. 写完你能想到的每一种可怕后果后，把纸放入碎纸机毁掉、烧掉或者撕成碎片扔掉。清单上写的都不是事实，也不是你想要的生活愿景。

3. 在日记本上或电子设备上列出设立这一"底线式"界限的"美好结果清单"。设立这个界限后，你的生活将会如何改善？也就是设立这个界限后等待着你的生活！

4. 练习并记住脚本的同时，每天读一遍你的"美好结果清单"，这样你就能积累设立界限所需的勇气和能量。

设立界限……坚守界限！

到了这一步，如果你一点也不害怕，说明你设立的可能不是真正的"底线式"界限。害怕是自然、正常的，也是意料之中的反应。即使你做了充分准备，设立"底线式"界限也不一定会变得"容易"。

有了烂熟于心的脚本、"美好结果清单"和界限伙伴,你可以开始设立界限了。向对方表述你的"底线式"界限时,别忘了使用第7步中提到的能够触发你美好愿景的小动作。

一旦你设定了界限,不管过程进行得如何(忘了脚本内容或与对方陷入争吵),都应和你的界限伙伴庆祝一番。你成功了!你或许感觉还不完美,但已经是很大的进步。你的勇敢、你取得的巨大成功都值得庆祝。勿忘嘉奖自己。

庆祝完得之不易的成功之后,请回到现实,因为你可能还要再次设立这一界限,甚至多次。理想的结果是,对方友好地接受了你提出的界限请求,并主动配合维系你的界限。如果是这种情况,你永远无须维护界限;成功设定一次,便一劳永逸。即使理想的结果没有发生,你需要多次重复这一界限的设立,结果也会比你设立界限前的生活状况好得多。振作精神,你不会再像第一次设立界限那样大费周折了。

维系具有一定难度的界限需要坚持,最终你付出的所有努力都是值得的。

宝拉的前夫罗伯特对待八岁的儿子保罗的问题,让宝拉很头痛。保罗每隔一周都要去父亲那里度过一个周末。有一个周末,孩子在父亲那里时,半夜警察竟然出现在他们家门口,调查罗伯特的一个继子。

"我告诉前夫,除非我100%确定他们家的安全,否则我不会再让保罗去看望他。"宝拉说,"对于我而言,做出这个决定是非常艰难的。我心里其实希望前夫能和儿子见面,也希望儿子去看他。"

罗伯特非常生气,毅然决然地说:"如果儿子不到我家里来,那我就不见他了。"

宝拉没有屈服，而是坚定地维系设立的界限。"你这样说我感到很失望。如果你改变主意了，请告诉我，我们可以商量找一个安全的地方，让你见他。"

两周后，罗伯特打来电话说他找了一个安全的地方。于是宝拉和他约定了一个时间让他与儿子见面。六个月后，罗伯特对宝拉说："你是最好的妈妈。你做得对。我都不知道我们家里竟然有枪。"他们哭着相拥在一起。那时，罗伯特的继子已经入狱，保罗也可以去他家看望爸爸了。

劳拉与自己的家人设立了界限。劳拉经常与姑姑和姑父发生矛盾，因此基本不与父亲家的亲戚来往。"三年前，我对自己发誓，只要可能遇上他们的家庭活动，我一律不参加。"她说，"这需要极大的勇气和不屈不挠的毅力，但我做到了，而且很成功。我的父母经常在我耳边说我的爷爷奶奶身体越来越差，虽然他们都患有老年痴呆症，可能根本认不出我来，但作为晚辈，我也应该去看看他们。可我不想因此忍受姑姑和姑父对我的言语攻击。虽然父母不能理解我，但是他们最终都接受了我的决定，不再说一些让我感到内疚的话，也不再控制我，因为他们知道那样做对我不起作用。我坚定地维系了自己的界限。"

金姆承认与孩子们设立界限不难，维系这个界限才是真正的挑战。"我和他们设立的底线是，不能出现任何无礼、粗鲁或者不友善的行为，说话的语气也不例外。"她说，"我设立的这一界限在孩子们中引起了轩然大波。界限本身就比较微妙，因此我经历了许多考验、反抗，孩子们的态度甚至比设立界限前更糟糕。我不得不反复设立，一次又一次地重塑界限。我不得不压抑着自己内心的愤怒和难过，努力控制自己的语气。虽然已经筋疲力尽了，但我必须坚持我的底线。昨天我对11岁的孩子说：'你知道我希望你怎么做。现在由你自己选择。如果你想和我友好相处，我就在你身边。如果你行为粗鲁让人生厌，我就会离开。怎么选择，完全由你来决定。'说完，我就走开了。这样做对于一个母亲来说，充满了紧张和挑战，但我深知设立这一界限对我和孩子们的重要性有多大。"

不争的事实是，你必须做好时刻维系界限的准备，可能会持续几周、几个月甚至几年。你需要坚定自己设立的界限，反复强调自己的决绝之词。记住，这是你的生活，没人会对你的生活负责，也没人能够决定你怎样生活。完成下面的练习，学习如何维系界限。

练习：忠于自己

本练习有助于你学会维系界限。首先准备一张白纸。

1. 将你的决绝之词写在白纸的顶部。

2. 画一个表格，2个横列，至少10个竖行。在左列第一行写下"如果他们说或做X"，在右列第一行写下"我就说或做Y"。

如果他们说或做 X	我就说或做 Y
如果他们提高嗓门	我就说："我不和你吵架。我已经把我的愿望表达得很清楚。下次你要是再对我的长相评头论足，我会转身离开。"
如果他们说他们认为这样做都是为了我好	我就说："你们怎么认为并不重要。下次你要是再对我的长相评头论足，我会转身离开。"

3. 在表格中写下你认为对方可能提出的反对意见，以及你将说什么或做什么进行应对。再次重温第 7 步中关于设立界限的语言表达指南，反复强调决绝之词，坚定维系界限。

4. 重复上述步骤，将对方可能在设立界限后的几天、几周和几个月内对你提出的所有反对意见／不满都列出来，写出应对方案，坚定维系界限。千万不要退缩！

希望你成功了——成功地设定了一个有难度的界限，并且安然无恙。即使还没有成功，你也一定做好了准备。谨记，虽然设定界限会带来一些外部冲突，但却能瓦解内部冲突。你的勇气可嘉！还差最后一步,你就能升级为"界限达人",开始你的新生活了!

谨记

　　始终想象成功设立界限能给你带来的积极影响。

重复设立，实现自由

第10步

Setting Boundaries

Will Set You Free

佐伊开始相对频繁地对客户说"不"。过去,她总是想尽办法满足客户的需求,即使自己不方便的时候,也不会拒绝客户的要求。现在,她会根据自己的情况为客户安排合适的服务时间。这么做她必须克服恐惧心理,不再害怕客户不开心或弃她而去。此外,设立界限后,她还必须谨防自己因为愧疚而对客户过度给予作为补偿。随着时间的推移,她把握得越来越好。尽管是进两步退一步的节奏,但她始终朝着"界限达人"的方向逐步前进。

坎迪丝最近遭受了其他公司员工的骚扰和欺凌,这使她有机会将新学的界限技能付诸实践。"要是在过去,我可能就不追究了,但这一次,我给他们公司的首席执行官写了一封信,叙述了他们的员工欺负我的事情经过,并明确表示我不会再与那个员工合作。虽然我也不希望产生这样的冲突,但如果我不这样做,就会践踏我辛辛苦苦设立的界限。"

黛布拉通过设立界限获得了意想不到的结果。她有一位客户说她要价太高了,想通过诱导黛布拉内疚来达到给自己打折的目的。"那是她的一面之词,我不这么认为。"黛布拉说,"我的价格绝对超值。"拒绝降价有可能让她失去这个客户,但是意想不到的是,没过多久,一家公司带着资金主动找到了她。"他们询问了价格后,我提出了我的要求。他们没有意见,很爽快地就同意了。"因为此事,黛布拉更重视自己了。

蒂娜在一家公司身兼两职，压力越来越大，甚至产生了辞职的念头。于是她与老板谈判，重新规划工作时间，最终既可以兼顾两份工作，又可以每周在家工作一天。她说："我把我的需要告诉老板，并表明自己在满足公司要求的情况下采取的应对方法。我感觉自己很强大。"

伊莱恩最近与她83岁的母亲设立了一个界限。"她渴望陪伴，但又很难与同龄人相处，只想让我陪她。"伊莱恩说，"我知道她很孤独，但是我能挤出来陪她的时间很少。结果我们两个都对彼此不满，就像两个受害者一样。由于她非常害怕成为我的负担，因此从不直接告诉我她需要什么。但是，如果她心里想的事我没有做到，她又会生气。所以我要求她，以后需要我做什么就直接告诉我。她能直接告诉我需要什么，我就不再担心我所做的她不满意，必要时我还可以温柔地拒绝她的要求。这一变化让我们彼此都得以释怀，增进了我们之间的感情。"

卡拉的母亲总是对她持否定态度，这让她很沮丧，以至于她形成了受害者心理，言语之间也会对他人指手画脚。"通常我会强忍着听她数落，忍无可忍时，就会冲她大发脾气，告诉她她没有权利评判别人的是非。最后，要么我们大吵一架，要么我就闭嘴。"

于是卡拉尝试了一种新策略，这一策略与其说是设立界限，不如说是重新设定界限的方向。"每当我不想听她唠叨时，我就告诉她我们聊点别的，找一个我们都愿意聊的新话题。"现在，两个人都能做到心平气和地在一起聊天。首次尝试后，她和母亲度过了最为愉快的一天。

　　瓦莱丽发现第一次成功设立了界限，第二次就容易得多——以后反复设立时也一样。"由于我内心十分明确自己的目标，因此向对方表达自己的界限需求对我来说轻松自如，这让我自己都感到惊讶不已。我现在也懂得如何消除设立界限时不安的情绪。设立界限后，我感到自由，即使结果未必如愿，也是一种释放。仅仅是说出我的真实感受，就足以让我向前迈出一步，让我继续设立其他界限或者维系现有界限。"

　　斯蒂芬妮在设立界限方面也取得了很大进步。"过去的我，为了维护和睦的人际关系，为了成为一个'好妈妈'或'随和'的人，经常背叛自己的需要和感受。而现在的我能够忍受设立界限带来的短期不适，能够平息内心自责的声音，坚定地维系已设的界限。"

　　杰西卡也有同样的认识。"我以前一直努力树立'好女孩'的形象，不具任何威胁性。我一直错误地认为善良、不具威胁性的人是不会为自己设立界限或为自己发声的。但我内心中的那只睡狮已经醒来，我要彻底改变我的生活。"

　　蒂娜认识到，善待自己并不会伤害到任何人。事实上，善待自己后，与他人在一起时，自己反而更会善解人意——而不像过去那样，心中充满不满。"我现在面临的最大挑战就是，不断听从自己的内心，为自己创造空间，这样对于那些依赖我的人来说，可能就不那么方便了。"她说，"虽然我仍然不想给别人带来麻烦、负担或占用他们的时间，但是我内心真实的需求就是要通过与他人设立界限肯定自我。"

　　宝拉因为学会了设立界限，生活发生了巨大变化。"我从没想过设立界限竟然是如此有趣的一件事。"她说，"以前一想到要设立界限，我就会感到恐惧，而现在一想到要设立界限，我反而会感到兴奋，感到释怀。"

我的书《超越……生活将现重大改变》（*Jump … and Your Life Will Appear*）中的最后一章名为"勇敢说'是'……再说一遍……再说一遍"，而这一步更像"勇敢说'不'……再说一遍……再说一遍"。从本质上说，要成为一名"界限达人"，满足自己的需要，过上自己想要的生活，唯一的办法就是——重复设立界限，实现自由。所以最后一步很简单：**重复设立，实现自由。**

当机立断，设立界限

客户鲍勃发现，如果他能够当机立断设立界限，而不是找借口拖延迟迟不去设立，就无须再花时间预测最坏的情况，纠结所有"要是……怎么办？"的情况，能够节约不少时间。他说："我花了两秒钟的时间向对方果断表明了自己的界限，省去了在大脑中思考设立界限可能产生的后果的过程，节约了几个小时的时间。"再说，预测最坏的情况反而会增加我们对设立界限的恐惧。

事实是，一旦你清楚自己需要什么界限，就不必再刻意地"设立"了。设立界限对你而言就成了自然而然的事；你所做的选择会自动体现你所设立的界限，也即形成一种新的生活方式。

这是如何形成的？通过诸多微妙的方式。一旦你设立了一定的界限，并向生活中的人证明你能够维系这些界限，他们就会对你的界限有所期待。（就像过去期望你不设立界限一样。）他们做决定和提出要求时就会考虑你设立的界限。例如，如果你不再像以前一样先满足他人而后自己，那么你周围的人就会转向别处满足他们的需求。如果你与客户设立了界限，这些界限就是你固守的原则。以前的客户可能需要一定的适应期，但新客户就会自然接受。与朋友设立界限，可能会失去一些友谊，但却能换来尊重你界限的新友谊。

如果你能够做到言行一致，那么你的生活将充满尊重。由于你所做的选择会自然而然地产生你所期望的结果，而不是你所讨厌的结果，你会发现生活中你与他人争吵的频率也降低了。

这些根本性的转变源于你对自己的关注。只有你知道自己想要什么后，才能创建想要的生活！完成本书设计的所有步骤后，你就能学会如何关注自己的需求。这种自我关注的意识会逐步加深，并对说"不"异常敏感——身体中的每个细胞都能感受到你想说"不"的愿望。哪怕有轻微的暗示，提示你的界限遭到跨越，你都会产生不适感，为你敲响警钟。你不再自我麻木，不再用惯常的"呃"或"嗯"作为回应，而是接受这些感觉，因为你内心的罗盘将你指向了一个与之不同、令你满意的方向。

还没达到"这一步"？没关系。学习设立界限是个循序渐进的过程。别忘了"熟能生巧"！首先关注自己何时何地默许他人跨越界限，以及当时身体的感受。比如，如果你习惯让别人选择你要看的电影，想象一下，你要花两个小时的宝贵时间去看你根本不想看的电影，心情会如何。你的身体有何反应？如果身体反应的是强烈的"不"，那么你就需要改变计划，找一部你们都喜欢的电影。

不断关注自己的身体感受——身体感受就是界限是否遭到跨越的晴雨表——特别要关注那些出于对冲突的恐惧而勉强满足他人需要的情况。收银员是否多收了你的钱？有人问过你不恰当的私人问题吗？工作中有人把不属于你的工作任务交给你吗？如果你感觉自己的界限被跨越了，一定要敢于为自己发声！还要注意心里想说"不"但嘴上却说"是"的频率。只有知道、了解并确定我们能够对他人说"不"后，我们才能自由地对他人说"是"。只有通过对他人说"不"，设立健康的界限，我们才能善待自己，更加自由。

注意你身边的那些"界限达人"，观察他们的言行，学习并模仿。这些人过去可能曾被你贴上"自私"的标签，现在你是否对他们有了不同的看法？你是否能够理解他们其实只是满足了自己的需要而已？同时也注意观察那些没能设立良好界限的人，他们的生活情况如何。你会发现许多书籍、电影以及电视节目中展现的冲突和闹剧都是因为人们不愿设立界限。这些故事中的人如果换种方式处理他们的情况，结果会如何？如果你能意识到他们能够通过设立界限改变现状的话，说明你也能通过设立界限改善生活。

如果你在设立界限的过程中遭受了阻力，请花点时间同情自己。多年来，你可能一直习惯了为了他人的要求而无视自己的需要，所以设立界限的过程中出现一些波折也是正常现象。就设立界限而言，其学习曲线中就包含了内疚感和恐惧感。记住，如果你在设立界限的过程中产生了内疚感，说明你正在以一种全新的方式为自己发声。这是一件好事！时间久了，内疚感会逐渐消退。

主动选择的世界

现在，你应该已经明确，无论你设立界限还是不设立界限，都是你自己的主动选择——而非出于麻木或恐惧的无奈选择。你明白了，跨越你的界限的人原来一直都是你自己，是否继续跨越界限，也是你自己的选择。

为了开创一个新世界，一个我们能够自由选择的新世界，我们必须打破过去长期阻碍我们主动选择的生活模式。即使我们不确定未来如何，也要勇敢向前迈进。我们必须清除我们的潜在承诺和逃避策略，这样才能摆脱多年来养成的坏习惯。例如，你正在和一个人度假，这个时候你最不想做的事情可能就是破坏眼下的轻松时刻，提出设立界限的要求。难道你要制造冲突吗？此时此刻在你们度假的时候？事实上，设立界限永远没有合适的时机，所谓等待"合适的时机"，只会对我们自己不利。

加布里埃尔一开始很难理解这一点。"有一次，我丈夫把我推到卧室门口，掐着我的脖子对我说：'相信吗？我一拳就能把你的头打碎！'"她说，"那天晚上，我带着女儿在朋友家住了一晚。但第二天我又回去了。一想到类似的情况反复发生了多次，我感到十分难过。甚至结婚之前，我们学校的一个校警就找过我，询问我是否安全。他说，我可以寻求帮助。如果当时我寻求了帮助，我丈夫就没有机会把我的手臂和头部打得瘀青。不过我丈夫一般都会打那些看不到伤痕的地方，比如我的头顶。"

"他不打我的时候，我就会找借口原谅他。有一次他把我的头按到门上使劲撞，把我的下巴打伤，使我不得不去医院缝针。别人问起来时，我还谎称是自己不小心滑倒，撞到了咖啡桌上。我害怕别人知道真相后自己会难堪。我喜欢他对生活的热情，但讨厌他自私和阴暗的一面。我总是能看到他好的一面，期望用他的好掩盖他的恶。我不断暗下决定，我要保护自己，我要大胆为自己发声，我要离开，但一直没有等到好时机。总有这样那样的事情出现，搅乱我的'时机'。我花了30年的时间，只设立了一些微弱的界限，但结果我不仅跨越了这些界限，还亲自消除了它们。"

我们常见的另一个坏习惯就是麻痹自己的感受。因为这种习惯，我们很容易跨越自己的界限，给自己带来巨大痛苦。同时，我们很难感受到快乐，也不知道自己想要什么。反过来想，如果我们连自己想要什么都不知道，就更不可能设立界限。对我们大多数人而言，这已经成为一种现状，因此我们需要（1）知道自己想要什么，（2）为了满足自己的需要而设立界限。

作家格伦农·道尔（Glennon Doyle）讲述了自己的经历，当她情绪低落时，她会疯狂购物，摄入大量碳水化合物，然后沉溺于《主妇真人秀》（The Real Housewives）之类的电视节目中……颓废过后她提醒自己，必须主动调整自己的情绪。我们每个人或多或少都有过这样的经历，总是试图逃避各种不快的情绪。但是，只有释放情绪，才能做到自顾、自爱，才有可能成为一名"界限达人"。

所以请反思一下，自己采取了什么样的方式逃避负面情绪。和朋友聊天，做运动，出去散步，上网，还是玩手机游戏？当然，做这些事本身并没有什么错，但是一旦你明确了自己的逃避方式，就能够尽快阻止自己逃避，将自己的情绪释放出来。你可以先尝试感受这些情绪。**主动感受悲伤。**（告诉自己**这就是悲伤的感觉，或者这就是愤怒的感觉**，有时候会有所帮助。）然后把这些情绪写在日记中或者邮件中，以后再决定是否发送。最后，你就可以与他人谈论你的情绪，这个人可以是朋友，也可以是心理治疗师或精神导师。将自己的情绪袒露出来，你的勇气越足，越能够更好地设立界限。

真诚对待自己的情绪，你就能够准确地表达自己之所想和自己之所需。

当我们能够真诚待己，清楚自己的愿望和需要时，就能看到各种选择，主动做出决定。对于选择，我们的主动意识越强，设立界限的过程就越自由，也就能更好地创造我们期望已久的生活。这才是"界限达人"生活的核心。

⬡ 练习：通过冥想，重新审视自己的愿景，坚定成为"界限达人"的信念

冥想过程中，你将以一位"界限达人"的身份重新审视你在第 6 步中展望的未来，如果有所变化，请进行相应的修改。这一过程将坚定你成为"界限达人"的信念。

请关掉所有通信设备，全身心地投入冥想中。穿上宽松的衣服，坐在舒适的椅子或沙发上。如果愿意，还可以播放一些轻音乐或点上蜡烛。你可以用自己的声音读出并录下冥想的步骤，这样你就不必睁开眼睛，扰乱冥想状态。

1. 闭上眼睛，深呼吸。从脚开始放松身体的每一部分，然后逐渐上移，放松腿部、臀部、腹部、胸部、背部、手臂、颈部和头部，直到全身放松。**不要心急。慢慢放松，继续放松，越来越放松。**

2. 想象五年后的今天，你正在家里。可能是现在的这个家里，也可能搬到了其他地方。闻一闻家里的气味，听一听周围的声音，呼吸一下家里的空气。你已经成功设立了界限金字塔中的每一

个界限；设立界限的过程中，你未与他人发生冲突，也没有产生内疚感或羞耻感。现在的你，已经能够轻松自如地设立界限。此时你的情绪如何？身体如何？这样的变化对你的生活有什么影响？

3. 现在想象工作中的你。你设立了许多必要的界限，并成了一名"界限达人"，这对你的职业生涯产生了怎样的影响？你的生活有什么变化？你的情绪、身体、思想和精神有什么变化？

4. 想象你和你的家人们在一起。或许此时你们正在一起度假。你已经是一名"界限达人"，并且成功地设立了想要设立的界限，现在你与他们在一起时，与过去相比，你的感受有什么不同？

5. 最后，想象自己和朋友们在一起。成为一名"界限达人"后，你的社交情况发生了怎样的变化？

6. 这部分的冥想时间可以尽可能长一些。一切完成后，扭动自己的脚趾和手指，轻轻转动脖子，逐步恢复清醒。深呼吸，慢慢睁开眼睛。

界限的改变与完善

就像我们每个人会随着生活的变化而改变和成长一样，界限也会发生改变，得以改善。离婚后，我坚定地设立了一条"底线式"界限（绝对的"不"），即坚决不再恋爱。但是后来，我遇到了亚伦，我那绝对的"不"软化成了"是"。所以说，界限是可以改变的。一年前，一个月前，甚至昨天对你来说适用的情况，可能此时就不适用了。这完全正常。

关键在于真诚对待自己的感受。勿纠结于过去的想法和感受，问问自己："今天我有什么样的感受？现在我想要什么？"然后根据自己的需要更新与他人设立的界限。

关于界限的几点注意事项

本书旨在培养你捍卫自我尊重的信念和敢于争取自己之所需的勇气。如果你开始质疑设立界限对于维护拥有自尊的生活的重要性；如果你缺乏设立所需界限的勇气，那么请仔细阅读此清单，获得一些精神鼓励。

• 界限是一种限制，以此定义你要做什么、不做什么，或者什么是你可以接受的、什么是你不愿意接受或无法容忍的。

• 不设立界限，你就抛弃了真实的自我。后果就是你无法充分享受生活，从而辜负此生。

• 跨越你的界限的那个人其实就是你自己。确保自己的界限不被他人跨越，不是他人的义务，而是你自己的责任。

• 你不可能通过改变他人或强迫他人来维护你的界限。

• 你必须做出选择：忍受界限被跨越的长期痛苦还是接受设立界限并维系界限的短期不适。

• 健康的自私将改变你的生活。（参见下一部分。）

• 冲突只能说明存在差异，即使相互之间存在不同意见，也能维持关系。

• 针对即将设立的界限撰写脚本并多加练习，能增强你的自信，为成功设立界限做好准备。

• 每次维护界限时，务必重复你的"决绝之词"。

• 成为"界限达人"后，至少你能够像满足他人的需要一样满足自己的需要。

对自私的最后辩护

人们很难接受自私是健康的或可取的这一思想，因此需要在此再次强调。健康的自私是设立界限的核心。只有你允许自己满足自己的需要——即使这意味着你无法满足他人的需要——你才有可能设立界限。

大部分人，包括我自己，都存在一种非理性的恐惧，那就是如果我们允许自己稍微自私一点，就会立即成为一名自恋者。其实事实并非如此。由于我们在这个世界上看到了太多不健康的自私，以至于我们以不健康的方式变得无私，以此进行过度补偿。如果你害怕自己会成为自恋者，**那你就不是自恋者**。因为真正的自恋者根本不会担心自己是自恋者！加上善于取悦他人的人都患有病态互依症，因此不可能自发地成为自恋者。人不可能在突然之间改变自己的本性。

学会以健康的方式自私一点，会怎么样呢？能够在很大程度上平衡你的生活。我认识的许多人都意识到，首先考虑自己实际上更能激励自己对他人慷慨。我们也不会在自己筋疲力尽、心力交瘁的情况下，再强迫自己为他人付出。如果我们能够首先考虑自己的需要，我们的慷慨是纯粹的、真诚的，而不是出于一种义务或证明自己价值的需要。

我知道这听起来有些难以置信，但是自私反而能够提高你的关系质量。如果我们消除了因未设立界限而滋生的怨恨，我们的人际关系就能在真实和真诚的基础上茁壮发展。

我们与他人设立界限，并不会切断与那人的感情或拉开彼此的距离。界限实际上能够加深我们与他人之间的感情。相互关系中多一份真诚，相互之间的感情就多一份亲密。与相互之间达成的共识或协定相比，真挚的感情总是更强大、更令人满足。

我前面说过，现在重申一遍：**为了他人的欲望而放弃自己的需求不再是荣誉的象征，也不再是我生活中的选择**。健康的自私是自我抛弃的解药。你没有理由为了任何人而抛弃自己，真正爱你的人不可能要求你抛弃自己。

曾经有一段时间，如果听到别人说我自私，我就会感觉像有人拿了一把刀刺穿了我的心一样。而现在，如果别人说我自私，我已能接受，因为我深谙其中的智慧。我也知道，正是我的自私，让我能够真诚真心地对他人慷慨。对于健康的自私我就点到为止，建议你根据自己的情况酌情尝试。

当你能够确保自己的界限不受侵犯时，你不仅为自己，也为你身边的人打开了一个充满自由和机会的新世界。这是成为"界限达人"的唯一途径。

几许希望

我希望，界限在你眼里不再是一个糟糕的字眼。我希望你明白界限只是一种限制，以此定义你要做什么、不做什么，或者什么是你可以接受的、什么是你不愿意接受或无法容忍的。记住维系界限是你自己的责任。

我希望你明白，设立界限的最大作用，是帮助你做出慎重选择，主动规划生活，而不仅仅是释放。

我希望，你能够充分接受和展示健康的自私，成为最高级别的"界限达人"。

谨 记

自由在向你招手，你只需勇往直前。

ACKNOWLEDGEMENT

致　谢

在此对给予我无私的爱和支持的朋友们表示诚挚的感谢。

露易丝·海：感谢你最早的支持。我十分想念你。

雷德·特雷西：感谢你对我的理解，对我的信任，对我的鼓励和对我的赞美。

黛比·福特：感谢你对我的信任，让我接过你的衣钵。再次表示敬意。

韦恩·戴尔：感谢你时刻让我感受到实现愿望的喜悦，同时也感谢你的公文包故事。

帕特·丹泽、琳达·佩里、丹尼塔·柯里、特雷西·菲利普斯、雷妮·文森特、范尼·威廉姆斯和米歇尔·奈特：感谢作为团队，你们在幕后对我的默默付出。没有你们的支持，我不可能有今天的成就。真诚感谢你们每个人。

克里斯蒂安·诺斯鲁普：感谢你为本书慷慨作序，也感谢你作为朋友的支持。

朱莉·斯特劳德：感谢你极具深度的智慧、独到的见解、英明的远见与诚挚的感情。

梅勒妮·沃托：感谢你以清晰又不失优雅的方式将我内心的想法、想要表达的信息和声音完美无瑕地呈现于纸上。

我的"界限达人"们：感谢我的客户们，勇敢地让我在本书中分享你们的故事。我的这套方法还处于形成阶段，感谢你们给予我机会，让我用这套方法引导你们；感谢你们在书中分享的所有故事和生活点滴，感谢你们每个人对我的影响。

我所指导的客户：感谢你们对我的信任，让我亲眼见证了你们所做出的巨大改变。

海氏书屋的"家人"们：帮助过我的人不计其数，在此我必须向你们表达我诚挚的感谢和深深的爱。玛格丽特·尼尔森、米歇尔·皮利、莫莉·兰格、克里斯塔·加布勒、阿德里安·桑多瓦尔、萨利·梅森－斯瓦布、安·巴瑟尔、玛琳·罗宾逊、史蒂夫·莫里斯、洛奇·乔治、莎伦·艾尔－谢哈布、罗杰·阿拉皮斯科，谢谢你们。

加比·伯恩斯坦：感谢你在我陷入低谷时给予的特别而重要的支持。

科莱特·拜伦－里德：感谢你对我的认可和信任。

梅丽莎·格雷斯：感谢你对我的包容，对我的爱。

帕蒂·吉特：感谢你坚持不懈的陪伴，神圣的友谊以及露露走后你所付出的一切。我们将永远拥有巴黎……布鲁克林、博尔德，还有更多的地方。

凯莉·诺塔拉斯：感谢你的真挚感情，我们总是心心相印，不谋而合。你永远是我的闺蜜。

亚伦·托马斯：感谢你在我身边，用爱治愈我。

　　我的父母：感谢你们赐予我生命和无限的爱，感谢你们为我做的一切。

　　凯特·艾克斯：和你在一起时我感受到了我的另一半心跳……感谢你分享给我的关于艾伦、伊莎贝尔和西蒙的故事。